"十四五"职业教育国家规划教材

外贸风险管理与纠纷处理

主　审　申　展
主　编　程炜杰　王　丽
副主编　刘振芬　孙智贤
　　　　康振男　田　翠
参　编　王树春　邓　帆

北京理工大学出版社
BEIJING INSTITUTE OF TECHNOLOGY PRESS

内容简介

本书根据企业真实业务，梳理总结外贸各个环节可能出现的风险点和高频问题点，给出相应的风险管理与纠纷处理建议。本书打破了以往以知识体系为线索的传统编写模式，采用了注重以学生为主体，兼顾新颖性、实用性和创新性的新型活页式编写模式。

本书主要内容包括国际贸易术语纠纷、交易磋商与合同订立纠纷、合同标的物及检验纠纷、国际货物运输纠纷、国际货物运输保险纠纷、国际货款收付纠纷、跨境电商业务纠纷、其他贸易方式纠纷、索赔及争议处理方式，共九个项目。每个项目以"金桥业务漫漫谈"为导入栏目，包含风险案例解读和能力拓展实训，并以业务案例为依据，按照每个环节可能产生的纠纷类型进行项目拆分，使读者可以清晰了解各个环节的风险点，帮助读者在实际工作中提高警惕，最大限度减少纠纷的发生。本书配有教学视频、教学课件、能力实训参考答案等数字化教学资源。

本书符合教育部国际贸易实务专业教学标准，可作为高职高专院校、应用型本科院校、成人高校、民办高校国际贸易专业及其他相关专业的教材，也可作为五年制高职、中职国际商贸类专业的教材，还可作为社会从业人员的培训用书和业务参考书。

版权专有　侵权必究

图书在版编目（CIP）数据

外贸风险管理与纠纷处理 / 程炜杰，王丽主编． ——北京：北京理工大学出版社，2021.5（2023.7 重印）
ISBN 978-7-5682-9829-2

Ⅰ．①外⋯　Ⅱ．①程⋯　②王⋯　Ⅲ．①国际贸易－经济纠纷－处理　Ⅳ．①D996.1

中国版本图书馆 CIP 数据核字（2021）第 088680 号

出版发行 / 北京理工大学出版社有限责任公司	
社　　址 / 北京市海淀区中关村南大街 5 号	
邮　　编 / 100081	
电　　话 /（010）68914775（总编室）	
（010）82562903（教材售后服务热线）	
（010）68944723（其他图书服务热线）	
网　　址 / http：// www.bitpress.com.cn	
经　　销 / 全国各地新华书店	
印　　刷 / 河北盛世彩捷印刷有限公司	
开　　本 / 787 毫米×1092 毫米　1/16	
印　　张 / 12.25	责任编辑 / 龙　微
字　　数 / 254 千字	文案编辑 / 龙　微
版　　次 / 2021 年 5 月第 1 版　2023 年 7 月第 2 次印刷	责任校对 / 周瑞红
定　　价 / 45.00 元	责任印制 / 施胜娟

图书出现印装质量问题，请拨打售后服务热线，本社负责调换

前　言

我国《"十四五"对外贸易高质量发展规划》中提出要"坚持外贸高质量发展和高水平安全有机统一，加强贸易领域风险防范，增强在对外开放环境中动态维护国家安全的能力"，党的二十大报告提出"推动货物贸易优化升级，创新服务贸易发展机制，发展数字贸易，加快建设贸易强国"。中国的外贸事业蓬勃发展，面临巨大的机遇和挑战，在新的发展格局下，如何促进外贸高质量发展是每一位外贸人必须思考的问题。如何完成高质量的外贸业务？如何识别并防范外贸风险？如何巧妙应对争议并妥善处理？外贸业务既要关注宏观环境又要强调业务细节，遵守国际规则，尊重国别差异，强化合规意识，强调工匠精神。

我们致力于服务国家战略，以"守法合规、贸易强国"为思政育人目标，立足于培养"立德行、强技能、全面发展"的高素质技术技能外贸人才。教材对标教育部专业教学标准核心课程，适应新时期外贸企业人才需求，全面落实立德树人根本任务，坚持"以生为本、强化素养"的教学理念，课程思政育人点突出，精准融入专业教学，注重职业精神、国家安全和风险意识的培养。采用新型活页式教材，设计新颖、载体多元，建有智慧立体的电子资源，开发了110个视频资源，总时长1 000多分钟，方便配合手机APP进行线上线下混合式教学，活页设计便于开展课堂革命、提高教学实效。校企共同建设教学资源，促进资源优势互补，实现动态共建共享。

教材特色鲜明，主要体现在以下方面：

（1）以德树人，思政育人系统精准。

创新项目导学单信函设计，每个项目都有"给未来外贸业务员的第N封信"，告诫未来的外贸业务员在本项目的实际业务中可能存在的风险和纠纷，九个项目九封信，描绘了外贸从业人员职业素养图谱；拓展实训前设置"思政小课堂"，将诚实守信、家国情怀、知法守法、爱岗敬业、精打细算等思政元素融入教材，充分调动学生对专业、对业务的热情和工作的积极性，构建积极向上的职业观、人生观和价值观，为学生长期职业发展打下良好基础。

（2）多元呈现，教学资源个性定制。

创新多维度可视化教学资源，将文字内容转化成可视化资源，便于学生自主学习、自我检测。每个项目开篇都加入了基础知识全景图，帮助学生回顾相关的知识要点，让学生能够以点带面，夯实基础。每个项目设置了"金桥业务漫漫谈"栏目，配以动漫设计，直观生动。每个风险案例都提供详细的案情示意图或拓展知识思维导图，降低文字理解的难度，提升学习体验感。设计项目评价与反思，集个体自测、小组互评和教师评价，实现过程性考核。风险案例后的"惯例摘录"让案例分析更加有理有据，也让学生遇到类似问题能够找到对应的依据，融入国际惯例，强化规范操作。充分发挥活页式教材的优势，教材以彩色边条的不同位置来区分不同项目，便于学生根据需要进行个性化设计，也便于教师安排实训教学和评估评价。

（3）巧妙设计，旧案新解与时俱进。

创新立体化外贸风险解析路径，每个环节的纠纷都力求用最新的或经典的真实案例进行说明，融入新惯例、新业态、新政策，所引法律文件和惯例均为最新修订，如《中华人民共和国民法典》《2020年国际贸易术语解释通则》等，同时设置旧案新解，分析不同版本规则的区别；关注外贸新业态发展，专项分析跨境电商业务中可能存在的风险点，加入中美贸易摩擦以及新冠疫情等国际经贸新形势下的风险管理。校企双元开发，邀请行业专家深度参与，教材内容紧密衔接实际业务，案情来源于企业，确保信息传递的可靠性和解读的专业性。

本书由山东外贸职业学院程炜杰和王丽担任主编，全书由程炜杰进行统稿，由青岛瑞朗生物科技有限公司申展担任主审。参与编写的人员和分工如下表。

序号	姓名	单位、职称或职务	编审内容	
1	程炜杰	山东外贸职业学院教授	项目一	国际贸易术语纠纷
			项目三	合同标的物及检验纠纷
	刘振芬	山东外贸职业学院讲师	项目九	索赔及争议处理方式
2	王 丽	山东外贸职业学院讲师	项目二	交易磋商与合同订立纠纷
			项目六	国际货款收付纠纷
	康振男	山东外贸职业学院讲师	项目八	其他贸易方式纠纷
3	孙智贤	山东外贸职业学院副教授	项目四	国际货物运输纠纷
	邓 帆	青岛韩唐国际医疗健康产业有限公司总经理	项目五	国际货物运输保险纠纷
4	田 翠	山东外贸职业学院讲师	项目七	跨境电商业务纠纷
	王树春	青岛赛迈德电器有限公司总经理 青岛进出口企业商会副会长		

教材的编写参阅了大量案例卷宗，与很多外贸公司员工进行了深入交流。青岛发之美工艺品有限公司总经理李艳、青岛鑫帕特纳丝（青岛）家用纺织有限公司总经理李勇、青岛益诚戴客贸易有限公司总经理张苗等企业专家提供了丰富的案例素材，并提出了中肯的审稿意见，使教材更具实践性和时效性。同时，胡大伟先生就教材的体例和案例的细节等方面进行了细心指导，在此一并表示衷心感谢。由于时间紧、任务重，编者水平有限，教材中难免存在疏忽之处，真诚欢迎广大读者批评指正，并提出宝贵意见。

编 者

目　　录

项目一　国际贸易术语纠纷 ……………………………………………（ 1-1 ）

项目导学单 ………………………………………………………………（ 1-1 ）
基础知识全景图 …………………………………………………………（ 1-3 ）
金桥业务漫漫谈之"术语匹配" …………………………………………（ 1-4 ）
风险案例解读 ……………………………………………………………（ 1-4 ）
案例 1：真假"CIF 合同" ………………………………………………（ 1-4 ）
案例 2：如何理解费用划分？ …………………………………………（ 1-5 ）
案例 3：FOB 卖方代理租船订舱的风险费用谁承担？ ………………（ 1-7 ）
案例 4："到岸价"暗藏风险 ……………………………………………（ 1-8 ）
案例 5："通知"隐藏的风险 ……………………………………………（ 1-10 ）
案例 6：内陆出口 FOB or FCA？ ………………………………………（ 1-12 ）
案例 7：更改贸易术语带来的价格变化 ………………………………（ 1-13 ）
能力拓展实训 ……………………………………………………………（ 1-16 ）
基础实训 1：内陆出口中使用 FOB 存在的风险 ………………………（ 1-16 ）
基础实训 2：谁为串味的茶叶负责？ …………………………………（ 1-17 ）
基础实训 3：FCA 贸易术语下的交货义务如何确定？ ………………（ 1-18 ）
能力进阶 1：卖方应该承担运输风险吗？ ……………………………（ 1-19 ）
能力进阶 2：如何根据贸易术语来核算价格？ ………………………（ 1-20 ）
项目评价反思 ……………………………………………………………（ 1-21 ）

项目二　交易磋商与合同订立纠纷 ……………………………………（ 2-1 ）

项目导学单 ………………………………………………………………（ 2-1 ）
基础知识全景图 …………………………………………………………（ 2-3 ）
金桥业务漫漫谈之"成交" ………………………………………………（ 2-4 ）
风险案例解读 ……………………………………………………………（ 2-4 ）
案例 1：接受必须与发盘完全一致吗？ ………………………………（ 2-4 ）
案例 2：发盘都可以撤销吗？ …………………………………………（ 2-6 ）
案例 3：如何确定合同适用的法律？ …………………………………（ 2-8 ）
案例 4：迟到的接受还有效吗？ ………………………………………（ 2-10 ）

案例 5：口头合同具有法律效力吗? ……………………………………（ 2-11 ）
案例 6：议价伤感情吗? ………………………………………………（ 2-14 ）
案例 7：发盘错了怎么办? ……………………………………………（ 2-16 ）
能力拓展实训 ……………………………………………………………（ 2-19 ）
基础实训 1：有条件接受是否构成还盘? ……………………………（ 2-19 ）
基础实训 2：以行为表示接受是有效的吗? …………………………（ 2-20 ）
能力进阶 1：交易条件变化后如何调整报价? ………………………（ 2-21 ）
能力进阶 2：发盘修改后应该如何处理? ……………………………（ 2-22 ）
项目评价反思 ……………………………………………………………（ 2-23 ）

项目三　合同标的物及检验纠纷 ……………………………………（ 3-1 ）

项目导学单 ………………………………………………………………（ 3-1 ）
基础知识全景图 …………………………………………………………（ 3-3 ）
金桥业务漫漫谈之"交货" ……………………………………………（ 3-4 ）
风险案例解读 ……………………………………………………………（ 3-4 ）
案例 1：谁为生锈的镰刀负责? ………………………………………（ 3-4 ）
案例 2：不能"溢"的溢短装条款 ……………………………………（ 3-5 ）
案例 3：何谓 IPPC 标识? ……………………………………………（ 3-6 ）
案例 4：如何确定检验报告的效力? …………………………………（ 3-7 ）
案例 5：小小"证明"作用大 …………………………………………（ 3-8 ）
案例 6：谁为缺失的检验条款买单? …………………………………（ 3-9 ）
能力拓展实训 ……………………………………………………………（ 3-12 ）
基础实训 1：真假"高州龙眼" ………………………………………（ 3-12 ）
基础实训 2：变色的"唛头" …………………………………………（ 3-13 ）
基础实训 3：向谁索赔? ………………………………………………（ 3-14 ）
能力进阶 1：毛重还是净重计价? ……………………………………（ 3-15 ）
能力进阶 2：检验的时间、地点重要吗? ……………………………（ 3-16 ）
项目评价反思 ……………………………………………………………（ 3-17 ）

项目四　国际货物运输纠纷 …………………………………………（ 4-1 ）

项目导学单 ………………………………………………………………（ 4-1 ）
基础知识全景图 …………………………………………………………（ 4-3 ）
金桥业务漫漫谈之"提单" ……………………………………………（ 4-4 ）
风险案例解读 ……………………………………………………………（ 4-4 ）
案例 1：装运中分错批次的后果谁承担? ……………………………（ 4-4 ）
案例 2：FOB 条件下托运人如何填? …………………………………（ 4-5 ）

案例3：记名提单隐藏的风险 ………………………………………（ 4-7 ）
　　案例4：倒签提单惹的祸 …………………………………………（ 4-9 ）
　　案例5：勿忽视提单缮制的细节要求 ……………………………（ 4-10 ）
　　案例6：每批之中再分批遭拒付（英文）………………………（ 4-11 ）
　能力拓展实训 ……………………………………………………（ 4-14 ）
　　基础实训1：因分批装运银行拒付案 ……………………………（ 4-14 ）
　　基础实训2：充分利用"允许分批装运"条款案 ………………（ 4-15 ）
　　能力进阶1：多式联运算转运吗？ ………………………………（ 4-16 ）
　　能力进阶2：溢短装条款适用货物数量总项还是分项？ ………（ 4-17 ）
　项目评价反思 ………………………………………………………（ 4-18 ）

项目五　国际货物运输保险纠纷 ……………………………（ 5-1 ）

　项目导学单 …………………………………………………………（ 5-1 ）
　基础知识全景图 ……………………………………………………（ 5-3 ）
　金桥业务漫漫谈之"一切险" ……………………………………（ 5-4 ）
　风险案例解读 ………………………………………………………（ 5-4 ）
　　案例1：集装箱货物的保险责任应该如何划分？ ………………（ 5-4 ）
　　案例2：仓至仓还是船至仓？ ……………………………………（ 5-6 ）
　　案例3：单独海损还是共同海损？ ………………………………（ 5-7 ）
　　案例4：损失归属如何断？ ………………………………………（ 5-9 ）
　　案例5：共同海损的判定和分摊 …………………………………（ 5-11 ）
　能力拓展实训 ………………………………………………………（ 5-13 ）
　　基础实训1：损失性质判断与险别选择 …………………………（ 5-13 ）
　　基础实训2：水渍险的赔偿范围 …………………………………（ 5-14 ）
　　基础实训3：不同的"仓至仓"条款 ……………………………（ 5-15 ）
　　能力进阶1：保险条款不明导致纠纷案 …………………………（ 5-16 ）
　　能力进阶2：自然灾害造成损失如何赔偿？ ……………………（ 5-17 ）
　项目评价反思 ………………………………………………………（ 5-18 ）

项目六　国际货款收付纠纷 ……………………………………（ 6-1 ）

　项目导学单 …………………………………………………………（ 6-1 ）
　基础知识全景图 ……………………………………………………（ 6-3 ）
　金桥业务漫漫谈之"单证不符" …………………………………（ 6-5 ）
　风险案例解读 ………………………………………………………（ 6-5 ）
　　案例1：T/T 钱货两空谁之过？ …………………………………（ 6-5 ）
　　案例2：暗藏风险的票汇 …………………………………………（ 6-6 ）

案例 3：远期 D/P 惹的祸 ··（ 6-8 ）
　　案例 4：开证人破产谁买单？ ··（ 6-10 ）
　　案例 5：失去"信用"的信用证 ··（ 6-11 ）
　　案例 6：多措并举保安全 ··（ 6-13 ）
　　案例 7："小"过失可能引起大问题 ··（ 6-15 ）
　　案例 8：信用证中的软条款 ··（ 6-17 ）
　能力拓展实训 ··（ 6-20 ）
　　基础实训 1：汇付为饵的商业诈骗 ··（ 6-20 ）
　　基础实训 2：警惕进口方指定代收银行 ······································（ 6-21 ）
　　基础实训 3：发票不符致损案 ··（ 6-22 ）
　　能力进阶 1："信用证+托收"单据落入谁手？ ································（ 6-23 ）
　　能力进阶 2：两次拒付为哪般？ ··（ 6-24 ）
　项目评价反思 ··（ 6-25 ）

项目七　跨境电商业务纠纷 ··（ 7-1 ）

　项目导学单 ··（ 7-1 ）
　基础知识全景图 ··（ 7-3 ）
　金桥业务漫漫谈之"跟卖" ··（ 7-4 ）
　风险案例解读 ··（ 7-4 ）
　　案例 1：卡通人物也有"肖像权" ··（ 7-4 ）
　　案例 2：选品大有讲究 ··（ 7-5 ）
　　案例 3：被冻结的亚马逊账号 ··（ 7-7 ）
　　案例 4：不容小觑的 Paypal 收款风险 ······································（ 7-8 ）
　　案例 5：货描不符纠纷案 ··（ 7-10 ）
　能力拓展实训 ··（ 7-12 ）
　　基础实训 1：eBay 平台侵权账号冻结案例 ··································（ 7-12 ）
　　基础实训 2：跨境电商进口品牌侵权案 ······································（ 7-13 ）
　　基础实训 3：扭扭车专利侵权案例 ··（ 7-14 ）
　　能力进阶 1：速卖通平台解决买家纠纷 ······································（ 7-15 ）
　　能力进阶 2：被侵权的商标 ··（ 7-16 ）
　项目评价反思 ··（ 7-17 ）

项目八　其他贸易方式纠纷 ··（ 8-1 ）

　项目导学单 ··（ 8-1 ）
　基础知识全景图 ··（ 8-3 ）
　金桥业务漫漫谈之"寄售" ··（ 8-4 ）

风险案例解读 ……………………………………………………（8-4）
 案例1：拍卖交易适用公约吗？ …………………………（8-4）
 案例2：投标文件可以撤销或修改吗？ …………………（8-5）
 案例3：谁为寄售的损失买单？ …………………………（8-7）
 案例4：不是独家的"包销" ………………………………（8-9）
 案例5：出口费和检验费是否包含在货值中？ …………（8-10）
 案例6：越权的进口代理 …………………………………（8-12）
 案例7：披着"购销"外衣的加工合同 …………………（8-14）
 案例8：进料加工为饵的商业诈骗 ………………………（8-16）

能力拓展实训 …………………………………………………（8-19）
 基础实训1：被迫运回的寄售商品 ………………………（8-19）
 基础实训2：如何选择合适的包销商？ …………………（8-20）
 基础实训3：谁来承担拍卖品瑕疵的担保责任？ ………（8-21）
 能力进阶1：没有金刚钻别揽瓷器活 ……………………（8-22）
 能力进阶2：两个"独家"经销商？ ……………………（8-23）

项目评价反思 …………………………………………………（8-24）

项目九　索赔及争议处理方式 ……………………………（9-1）

项目导学单 ……………………………………………………（9-1）

基础知识全景图 ………………………………………………（9-3）

金桥业务漫漫谈之"索赔" …………………………………（9-4）

风险案例解读 …………………………………………………（9-4）
 案例1："浮动的仲裁协议"效力如何？ ………………（9-4）
 案例2：仲裁协议可以停止吗？ …………………………（9-6）
 案例3：不可抗力能否拯救延期交货的合同？ …………（9-7）
 案例4：不可抗力是"免责金牌"吗？ …………………（9-9）

能力拓展实训 …………………………………………………（9-12）
 基础实训1：不可抗力的法律后果 ………………………（9-12）
 基础实训2：不可抗力事故导致索赔 ……………………（9-13）
 基础实训3：仲裁还是诉讼？ ……………………………（9-14）
 能力进阶1：信用证修改是否保留索赔权？ ……………（9-15）
 能力进阶2：仲裁机构如何"量体裁衣"？ ……………（9-16）

项目评价反思 …………………………………………………（9-17）

参考文献 ……………………………………………………（参-1）

项目一　国际贸易术语纠纷

项目导学单

项目一导学单			
学习目标	素质目标	• 遵纪守法、遵守国际惯例； • 尊重贸易对象国的习惯做法； • 具有良好的沟通能力和认真细致的工作作风	
	知识目标	• 熟悉国际贸易术语的基本概念； • 熟悉国际贸易术语的主要惯例； • 掌握《国际贸易术语解释通则 2010》主要贸易术语的应用； • 掌握《国际贸易术语解释通则 2020》主要贸易术语的应用	
	能力目标	• 能正确理解国际贸易术语的含义和作用； • 能灵活使用各种国际贸易术语惯例； • 能分析不同贸易术语存在的风险； • 能够选择适当的国际贸易术语	
学习重难点	• 不同贸易术语的风险划分； • 不同贸易术语的责任归属； • 不同贸易术语的价格核算； • 国际贸易术语与其他条款的匹配		
建议学时	6 课时		
高频风险点提示			
• 买卖双方义务不明确导致纠纷； • 对贸易术语风险划分点不明确引发纠纷； • 由于存在责任方导致风险不能正常转移； • 贸易术语与其他合同条款冲突导致履约不畅； • 选择不适当的贸易术语导致风险和费用增加； • 对不同贸易术语的价格构成不明确导致利益受损			
致未来外贸业务员的第 1 封信			
国际贸易术语是外贸业务员的入门第一课，它规定了交易双方的交易条件，由此也确定了交易标的物的主要价格构成。自从有了贸易术语，国际间的贸易交流更加便捷。正确使用国际贸易术语是从事外贸业务、防范外贸风险的必备能力，但对贸易术语以及相关惯例的错误理解、贸易术语的不规范使用引发了很多争议和纠纷。我们应该从产品、运输、结算等多个方面进行考量，考虑双方利益，选择合适的贸易术语并对风险点进行梳理，与交易对象进行充分沟通，尽量规避风险减少纠纷。			

项目导学单

基础知识全景图

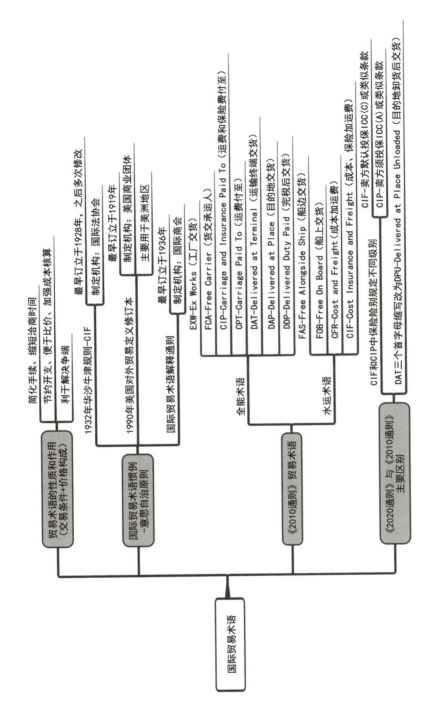

金桥业务漫漫谈之"术语匹配"

Linda 是青岛金桥进出口公司的新进业务员,在师傅的指导下,她刚刚和美国客户签订了一笔 CIF 出口合同,合同规定货物通过海运从新加坡发往美国,但载货船舶到中美洲海域时得知巴拿马运河临时封闭,此时要么绕道要么增加陆路运输,应该如何选择呢?

导入案例
(动画)

风险案例解读

案例 1:真假"CIF 合同"

案情介绍:

2019 年 8 月,我国青岛市新帆进出口有限公司(以下简称新帆公司)与美国德克森贸易公司(以下简称德克森公司)磋商一笔出口圣诞装饰品的交易,合同规定以 CIF NEW YORK 条件成交,30%T/T 预付货款,70%货款到货后再付。由于是圣诞节装饰品,买方担心货物运输延误导致错过最佳销售时机,就提出要求在合同中规定:"THE GOODS MUST BE SHIPPED TO PORT OF DESTINATION NO LATER THAN 30TH NOV. 2019, OR THE BUYER HAVE RIGHT TO CANCEL THE CONTRACT, AND THE SELLER SHOULD REFUND THE PAYMENT, IF ANY."新帆公司业务员觉得这个要求并不过分,就同意了。但载货的集装箱船在海上遇到暴风雨,不得不到附近港口停靠躲避风雨,等货物抵达纽约港时已经是 12 月 1 日。此时的德克森公司正遇到经营问题,资金短缺,遂提出取消合同并要求新帆公司退回 30%预付的货款。新帆公司则辩称合同采用 CIF 贸易术语,卖方在货物装上船时就完成了交货义务,风险也相应转移,运输的延误导致的损失应该由德克森公司来承担。

知识点视频

案例解析视频

图 1-1 为各种国际贸易术语交货点示意图。

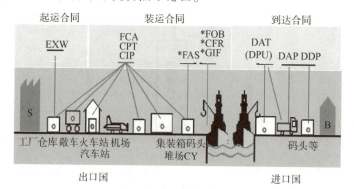

图 1-1 各种国际贸易术语交货点示意图

问题引导：

1. 德克森公司是否有权取消合同？
2. 这则案例对新帆公司而言，有什么教训？

案例解析：

1. 本案中的德克森公司有权取消合同。以 CIF 贸易术语签署的合同我们通常称之为 CIF 合同，属于装运合同，即卖方只需要按照约定将货物装到装运港船上完成交货而无须保证到货，所谓的"无须保证到货"既包括不承担货物在运输途中因风险而受损，也包括无须确保货物在指定时间到达目的港。但本案例中买卖双方在合同中规定了到货时间，如此规定使该合同不再是装运合同，而是"到达合同"。《国际贸易术语解释通则》并不禁止此类变通，如果在合同中对所使用的贸易术语做出了与《国际贸易术语解释通则》相悖的规定，应该尊重双方当事人订约时的意愿，以合同为准。

2. 按照《国际贸易术语解释通则 2010》和《国际贸易术语解释通则 2020》的规定，按照 CIF 术语成交，卖方只需承担货物在装运港装上船之前的风险。对于新帆公司而言，这笔交易虽然适用了 CIF 贸易术语，却承担了更多的费用和风险，只因合同中多了一句话，所以"外贸无小事"，必须谨慎对待合同中的每个细节。在实际业务操作中，交易客户可能会根据需要提出自己的要求，比如本案中的季节性商品，买方为了避免错过最佳的销售期而要求规定到货日期也很常见，卖方必须明确"规定到货日期"意味着合同性质的变化。如果卖方不得不同意买方要求，就需要特别关注运输途中的风险，适当提高价格或购买相应保险以减少损失。

惯例摘录

CIF（insert named port of destination）Incoterms® 2020

Cost, Insurance and Freight means that the seller delivers the goods to the buyer

◆ on board the vessel

◆ or procures the goods already so delivered.

The risk of loss of or damage to the goods transfers when the goods are on board the vessel, such that the seller is taken to have performed its obligation to deliver the goods whether or not the goods actually arrive at their destination in sound condition, in the stated quantity or, indeed, at all.

案例 2：如何理解费用划分？

案情介绍：

2019 年 6 月，青岛启德国际贸易公司（以下简称启德公司）与智利芬森贸易公司（以下简称芬森公司）签订了一份罐头出口合同，交易条件为 CIF SAN ANTONIO（圣安东尼奥港），合同中部分条款如下：

INSURANCE：TO BE COVERED BY THE SELLER FOR 110% OF TOTAL INVOICE VALUE AGAINST ALL RISKS AS PER OCEAN MARINE CARGO INSURANCE CLAUSE OF PICC DATED 01/01/2009.

SHIPMENT：BEFORE THE END OF NOV. 2019

知识点视频

案例解析视频

TERMS OF PAYMENT: BY T/T, WITHIN 10 DAYS AFTER THE ARRIVAL OF SHIPMENT

签约后启德公司积极备货，10月10日接到芬森公司来电，称智利近期工人经常发生罢工，所以要求启德公司在办理保险时额外加投罢工险。启德公司业务员将保险事项的变动列入合同补充条款，并购买了中国人民保险公司国际货物运输保险一切险加战争险和罢工险。运输途中遇到了风暴，但最终安全抵达目的港。货物运抵目的港后，启德公司备好单据准备收款，可是买方付款的金额不足。经过沟通才得知，芬森公司认为加保罢工险是在原合同范围内的调整，所有的保险费用已经包含在价格中，无须另外支付，另外货物在运输途中因躲避风暴而增加了运费，芬森公司声称已代我方公司支付给船运公司，所以在付款时将此项费用直接扣除（图1-2）。

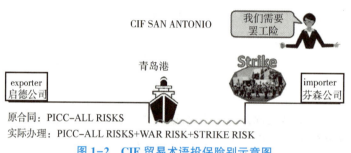

图1-2 CIF贸易术语投保险别示意图

问题引导：
1. 关于额外增加的保险费用，我方公司应该如何处理？
2. 因躲避风暴而增加的运费应该由谁承担？

案例解析：
1. 根据《国际贸易术语解释通则》，本案例中用到的CIF贸易术语下卖方仅需要投保最低险别，如果买方需要更多保险保护，则需要与卖方明确达成协议，并由买方承担相应的费用。所以在本案中，如果芬森公司同意支付投保罢工险的保险费用，启德公司可以替对方额外加投罢工险；如果芬森公司坚决认为保险由我方负责，保险费用也应该由我方承担，那作为卖方的启德公司可拒绝其要求。在《国际贸易术语解释通则2010》11种贸易术语中，只有CIF和CIP的卖方需要承担办理保险的合同义务，强制性规定卖方有义务"自付费用取得货物保险，该保险需至少符合《协会货物保险条款》条款C或类似的最低险别的条款"。《国际贸易术语解释通则2020》则对CIF和CIP做了不同的规定，CIF维持原规定，而CIP中的卖方则必须取得符合《协会货物保险条款》条款A的保险险别。

2. 以往版本的《国际贸易术语解释通则》中均规定CIF的卖方负责租船订舱、支付运费，但卖方支付的运费是合同规定的从装运港至目的港的正常运费，按照风险点划分界线的规定，运输途中因风险而增加的运费应由买方承担。本案例中，船方为了躲避风暴而额外增加的运费，是在货物装上船之后发生的，属于买方应该承担风险的区间范围。因此，我方应该拒绝买方从货款中扣除运费的做法，应向买方追偿。

惯例摘录

《Incoterms® 2020》

The seller must also contract for insurance cover against the buyer's risk of loss of or damage to the goods from the port of shipment to at least the port of destination…. The buyer should also note that under CIF Incoterms® 2020 rule the seller is required to obtain limited insurance cover complying with Institute Cargo Clauses（C）or similar clause, rather than with the more extensive cover under Institute Cargo Clauses（A）. It is, however, still open to the parties to agree on a higher level of cover.

…When required by the buyer, the seller must, subject to the buyer providing any necessary information requested by the seller, provide at the buyer's cost any additional cover, if procurable, such as cover complying with the Institute War and/or Institute Strikes Clauses（LMA/IUA）or any similar clauses…

案例3：FOB卖方代理租船订舱的风险费用谁承担？

案情介绍：

青岛鹏程工贸有限公司（以下简称鹏程公司）2018年3月与墨西哥Miya Co. 达成1×40尺集装箱轮胎出口合同，以FOB QINGDAO成交。2018年4月货物生产完成，在通知买方装运的时候，买方回复说由于当地租船订舱比较困难，请求鹏程公司代其租船订舱，由其在目的港支付运费及相应费用，同时说明因此产生的装运期延迟问题由其负责。于是鹏程公司就通过其经常合作的货代订舱并发运货物，同时应其合作货代要求提供了出口货物订舱委托书。由于已经收回全部货款，鹏程公司也没有对货物的运输轨迹进行跟进。2018年6月，合作货代反映，墨西哥买方并没有按照承诺那样支付费用提货。后经调查，由于买方的最终客户已经破产，无力支付货款，同时此批货物为其定制品也无法转售，中间商买方不愿意付款提货给自己增加额外费用，所以在目的港产生了弃货行为，要由货代负责将货物销毁或退运。由于此批货物订舱行为是由鹏程公司进行的，所以货代要求鹏程公司补偿相应费用（图1-3）。

知识点视频

案例解析视频

图1-3 "FOB贸易术语卖方代理租船订舱引发纠纷案" 案情示意图

问题引导：

1. FOB 贸易术语的卖方是否有义务租船订舱？卖方是否可以拒绝对方的要求？

2. 鹏程公司是否应该支付该项费用？

案例解析：

1. 根据《国际贸易术语解释通则》，FOB 贸易术语的卖方没有订立运输合同的义务。但若买方要求并承担相应的风险和费用，卖方可以按照通常条件签订运输合同。本案中，出口合同以 FOB 贸易术语成交，本应由买方负责租船订舱，卖方接受了买方帮助其订舱的请求，风险和费用应该由买方来承担。当然，鹏程公司也可以拒绝对方的要求，但需要及时通知对方。

2. 本案例中涉及的运输契约当事人是卖方和货代，鹏程公司以自身名义向货代订舱，所以当国外买方拒绝支付海运费及进口相关费用时，卖方不能以 FOB 贸易术语成交为由免除己方责任，对抗货代的合法权利，所以货代要求卖方补偿相关费用的要求是合理的。当然，支付相关费用之后，卖方本应有权向买方追偿，但无奈最终客户破产导致中间商弃货，而海运费和进口相关费用也很难追讨。

外贸实践工作中，在使用 FOB 贸易术语时，往往会出现案例中存在的买方请求卖方帮助租船订舱的现象，毕竟卖方安排运输比较便利。但此时更应该关注其中的风险，这种情况下已约定卖方不承担租船订舱失败及装运期延迟的风险，但是由于卖方成为运输契约的当事人，就需要承担买方未能如约向货代支付海运费及目的港相关费用时对合作货代进行补偿的风险。

惯例摘录

《Incoterms® 2010》FOB

A3 Contracts of carriage and insurance

a) Contract of carriage

The seller has no obligation to the buyer to make a contract of carriage. However, if requested by the buyer or if it is commercial practice and the buyer does not give an instruction to the contrary in due time, the seller may contract for carriage on usual terms at the buyer's risk and expense. In either case, the seller may decline to make the contract of carriage and, if it does, shall promptly notify the buyer.

《Incoterms® 2020》FOB

The seller has no obligation to the buyer to make a contract of carriage. However, the seller must provide the buyer, at the buyer's request, risk and cost, with any information in the possession of the seller, including transport-related security requirements, that the buyer needs for arranging carriage. If agreed, the seller must contract for carriage on the usual terms at the buyer's risk and cost.

案例 4："到岸价"暗藏风险

案情介绍：

2016 年 12 月，中国希尔公司以 CIF 条款从印度万华公司购买铁矿粉，T/T 方式结算货款，目的港为中国大连。货装船发出后，万华公司于 12 月 4 日向希尔公司寄出单据，

12月7日希尔公司收到单据并于12月8日完成付款。付款后，希尔公司发现船迟迟未到中国港，遂询问万华公司，被告知在新加坡加油。数日后，再次询问未果。经查询发现该船因涉及另一起贸易纠纷已被新加坡法院扣留，而承运的船务公司正面临破产。

案例解析视频

事发后，希尔公司以CIF（Cost Insurance and Freight）系"到岸价"为由，要求万华公司或退还货款，或再发同样数量的铁矿粉，均被万华公司否决。之后提交新加坡法院处理。承运船务公司2017年初已申请破产，法院判定对该船进行拍卖，但拍卖前，船上的货物必须全部由货主转移走。新加坡港口没有卸载能力，需由一家具备此类业务资质的德国船务公司倒货，相关费用累计200多万美元。审理中，法院判定倒货的相关费用由中国希尔公司支付（图1-4）。

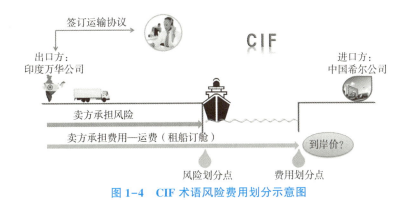

图1-4　CIF术语风险费用划分示意图

问题：
1. 如何理解CIF卖方订立运输契约的义务？如何理解案中所提的"到岸价"？
2. 本案中的各方当事人有违约责任吗？这则案例有什么教训？

案例解析：

1. 根据《国际贸易术语解释通则2010》和《国际贸易术语解释通则2020》，CIF的卖方必须按照通常条件订立运输契约，并支付必要的运输成本和费用，将货物运至指定目的港。但是需要注意，CIF贸易术语下，卖方仅是支付了装港至卸港的运费，不承担货物在运输途中的任何风险，买方误认为CIF贸易术语中含有运输费用，卖方就有义务保证将货物运到指定的卸货港，确保货物安全并承担所有费用。实践中，有些业务员认为既然CIF价格中包括运费和保险费，就可以称之为"到岸价"，其实CIF并不是真正的"到岸价"。本案中使用的CIF贸易术语，卖方通常会将载货船舶资料报给买方确认，货物运输途中的所有风险都将由买方承担，没有要求卖方必须审核船方的资信状况或是承担因船方资信不佳所带来的后果，而卖方所承担的也只是货物运至指定目的港的正常运费，由于特殊情况而产生的费用，如案中所提"倒货费"，均是和风险相关联的，应该由买方承担。

2. 首先，卖方不存在违约责任。根据《国际贸易术语解释通则2010》和《国际贸易术语解释通则2020》，CIF术语的卖方在装运港将货物装上船，风险即由卖方转移给买方。其次，本案例的卖方已完成了交货义务，卖方无违约责任。再次，承运人存在违约责任。买方持有合法提单，就与承运人建立了契约关系，买方有权凭所持提单要求承运人将货物运至指定的目的港并赔偿相应的损失。但是本案中，买方在收到卖方的装船单据后，并未对船公司进行严格资信调查和审核，待到获知船公司自身经营状况不佳面临破产时，已很难从船公司处获得相应的赔偿。

案例中的中国希尔公司最终承担了200多万美元的费用，首先没有正确理解CIF贸易术语的费用和风险划分，误将其理解为"到岸价"。其次对买方所指定的船公司没有进行必要的资信审查。最后，在发现船迟迟未到的情况下，没有及时跟踪货物并采取措施主动止损。

惯例摘录

《Incoterms® 2010》CFR

Cost and Freight means that the seller delivers the goods on board the vessel or procures the goods already so delivered. The risk of loss of or damage to the goods passes when the goods are on board the vessel.

The seller must contract or procure a contract for the carriage of the goods from the agreed point of delivery, if any, at the place of delivery to the named port of destination or, if agreed, any point at that port. The contract of carriage must be made on usual terms at the seller's expense and provide for carriage by the usual route in a vessel of the type normally used for the transport of the type of goods sold.

案例5："通知"隐藏的风险

案情介绍：

中国南京陵川贸易有限公司（以下简称陵川公司）与日本稻则贸易公司（以下简称稻则公司）签订协议，于2019年8月2日以CFR OSAKA从上海港出口一批罐头到日本，货物的总体积为20立方米，使用1个20英尺①集装箱，有效容积为28立方米。在出口货物装船后，业务员没有发送装船通知给进口商。由于装箱时操作人员将前部装满，集装箱后部留有空间，导致运输过程中高层的货物跌落。8月9日，进口商收到货物后发现部分货物破损，遂向SGS通标标准技术服务有限公司当地机构申请检验并出具货物破损检验报告，据此要求陵川公司赔偿破损货物及检验费总计4 000美元。陵川公司称货物已经安全装船并且由船公司签发了清洁已装船提单，根据《国际贸易术语解释通则2010》的相关规定，风险已经转移给了进口商，货物损坏或灭失应该由进口商自行承担。但是日本进口商指出，由于陵川公司未发送装船通知而导致其未能及时购买保险，所以风险不能因货物已经安全装船而转移给进口商，货物破损给进口商带来的损失应由出口商也就是陵川公司负责赔偿（图1-5）。

知识点视频

案例解析视频

---

① 1英尺≈0.304 8米。

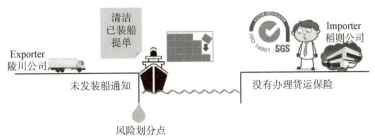

图 1-5 "未及时发送装船通知导致纠纷案"案情示意图

问题引导：
1. 如何理解装运通知的作用？
2. 出口商是否应该承担赔偿责任？
3. 本案中，出口商有什么经验教训？

案例解析：
1. 装船通知（Shipping Advice 或 Notice of Shipment），也叫装运通知，主要指的是出口商在货物装船后发给进口商的包括货物详细装运情况的通知，其目的在于让进口商做好筹措资金、付款和接货的准备。《国际贸易术语解释通则 2010》卖方义务中的 A7 和《国际贸易术语解释通则 2020》卖方义务中的 A10 均是通知义务，规定"卖方必须向买方发出已经完成交货的通知。卖方必须向买方发出买方收取货物任何所需通知以便买方收取货物"。如果是用了 CFR 和 CPT 贸易术语，装船通知还有一个更重要的作用就是买方需要根据装船通知来购买国际运输货物保险。《国际贸易术语解释通则 2020》也有同样的规定。

2. 本案中，买卖双方以 CFR 贸易术语签订合同，卖方负责租船订舱，买方办理国际货物运输保险。由于南京陵川公司未发装船通知，导致日本进口商没有及时购买国际运输货物保险，发生了风险也无法向保险公司申请赔偿。陵川公司最初辩称的"货物已经安全装船并取得清洁提单，风险转移给进口商"，这种说法是站不住脚的，所以日本进口商在货物实际发生破损时要求陵川公司负责赔偿是合理的。

3. 本案中，卖方除了没有及时发送装船通知之外，还需要考虑风险的产生原因，主要是集装箱没有装满，装载时也存在失误。所以如果使用集装箱运输签订合同，在不拼装的情况下最好能够结合集装箱的装载量来确定合同货物数量和包装尺寸，不仅能够充分使用箱内空间、节约费用，还可以降低运输中的风险，特别是易碎易损坏货物，即使有较小缝隙也需要加塞一些铺垫物以避免损失。如果像本案中的情况，货物 20 立方米，但是集装箱的容积是 28 立方米，应该在装载单上注明或者跟操作工人沟通，首先装满底部而不是前部，以避免高处的货物坠落致损（图 1-6）。

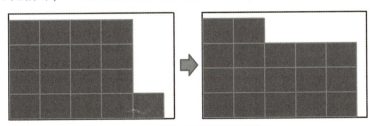

图 1-6 集装箱装箱优化方案

案例 6：内陆出口 FOB or FCA？

案情介绍：

2018 年 10 月，我国内蒙古丰和贸易有限公司（以下简称丰和公司）与德国蒙特森贸易公司（以下简称蒙特森公司）就出口葵花子进行磋商，蒙特森公司位于汉堡，要求使用 FOB 贸易术语，丰和公司位于呼和浩特市，它是典型的内陆城市，但由于之前也做过类似操作，就没有提出异议。最终双方签订了出口 20 公吨葵花子的合同，合同规定"THE GOODS SHOULD BE SHIPPED BEFORE 1ST DEC. 2018, FOB XINGANG, SIGHT L/C. THIS CONTRACT IS SUBJECT TO INCOTERMS 2010."丰和公司所在的呼和浩特市，距离新港 650 千米，为了能够及时安排装船，11 月 28 日，丰和公司委托呼和浩特迅程货运代理公司将货物运至天津租用的仓库。不料货物在天津存仓后的第二天，也就是 11 月 29 日夜间突发暴雨，仓库进水致使近一半的葵花子被雨水浸泡而无法销售。丰和公司 11 月 30 日立即安排从呼和浩特补发葵花子运至天津，所幸没有耽误装船。事后，丰和公司核算相关的损失和费用，包括葵花子货物损失、呼和浩特到天津的二次运费、调货费用、仓库费用等共计 10 万余元（图 1-7）。

知识点视频

案例解析视频

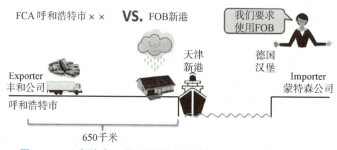

图 1-7 "内陆出口公司贸易术语选择失误案"案情示意图

问题引导：

1. 本案中使用 FOB 贸易术语是否合适？
2. 根据本案案情，应该考虑使用哪种贸易术语？为什么？

案例解析：

1. 从交货点来看，根据《国际贸易术语解释通则 2010》和《国际贸易术语解释通则 2020》，FOB 贸易术语的卖方在指定的装运港，将货物交至买方指定的船只上，即完成了交货；从风险转移来看，卖方要承担在装运港完成交货前的货物灭失或损坏的风险；从运输方式来看，仅适用于海运及内河运输。本案例中出口方在呼和浩特市，它是典型的内陆城市，距离最近的港口新港有 650 千米，并不适用于 FOB 贸易术语，而合同规定 FOB 新港成交，卖方就需要承担把货物运至新港的所有费用，并承担装船之前的所有风险。

2. FOB、CFR、CIF 贸易术语具有相同的交货点和风险划分点，并且都仅用于海运和内河运输，如果货源地远离港口，卖方必然承担额外的风险和费用。此时应该选择与之相对应的另外三种 FCA、CPT、CIP 贸易术语，本案例的情况使用 FCA 更加适合，并且选择呼和浩特市的某个地址为交货点，比如 FCA 内蒙古呼和浩特新城区 123 号。

综合来看有三个优点：①提前转移风险。FCA后指定的地址即为交货点和风险划分点，丰和公司只需要在该地点将货物交给蒙特森公司指定的承运人即可。之后的一切费用和货物灭失或损坏的责任均由买方承担。表面上看FOB和FCA这两种术语成交的合同均属装运合同，而且买卖双方责任划分大体上也相同，都是在发货地交货，但具体是有差异的，FOB项下卖方承担的风险要大于FCA项下所承担的风险。像丰和公司这样的内陆出口企业更适合采用FCA贸易术语出口货物，可以在其位于呼和浩特的工厂、仓库、营业场所，或在买方指定的地点，比如呼和浩特车站或机场等地点完成交货义务，这样可以使风险及时由卖方转给买方。②减少货物的运输和仓储费。在FOB贸易术语下，卖方为了做到船货衔接，通常是先将货物从工厂或仓库运往买方指定的装运港口，将货物装上指定的船只。在实践中，货物和船只很少有同时到达装运港口的情况，通常是货物先到港口而船后到，因此船货之间会有时间差，由于货物一般会早于买方指定的船只先到达装运港口，卖方就得支付货物存放于码头的仓储费。而在FCA贸易术语下，卖方（特别是远离港口的内陆出口商）就可以将生产好的货物存放在自己的工厂仓库里，等待买方指定的承运人到卖方地接货，或需要将货物经过短距离运送到买方指定的地点，比如车站、机场等地，完全没有必要将货物长途运往距离内陆企业很远的装运港口等待装运，也就不会支付长途运费和额外的仓储费用。③提前交单结汇。在FOB贸易术语下，卖方通常提交的运输单据是已装船的清洁提单，对于内陆出口企业来说，从货物工厂运出到装船往往有较长时间，即使船公司签发了已装船提单，还需要通过邮递等方式发给内陆出口企业，内陆出口企业无法马上取得提单，并且过程中可能出现邮件丢失、延误等情况。如若提单有问题需要修改，也无法得到及时处理。结汇时间延长就导致其资金周转速度慢，并增加利息负担。而FCA贸易术语的卖方在指定地点货交承运人后，即可取得承运人签发的运输单据并据此结汇。但是如果在使用FCA贸易术语后，买方仍要求提交清洁已装船提单，也会延长卖方的结汇时间，需要双方充分沟通。

案例7：更改贸易术语带来的价格变化

案情介绍：

位于山东济南的顺发贸易公司（以下简称顺发公司）于2019年10月10日向加拿大威尔公司发去电传，发盘出口一批圣诞老人毛绒玩具，型号：GRT-T009，数量50000PCs，塑胶袋包装，每袋一个或客户定制包装，报价USD 6.5 PER PC CPT OTTAWA，11月初发货，即期不可撤销信用证付款。次日，收到威尔公司还盘，对方表示不方便投保，要求顺发公司改报CIP OTTAWA价格，并要求3%佣金。顺发公司得知，目前中国人民保险公司一切险的保险费率为0.8%，战争险和罢工险的保险费率均为0.08%，保险费率合计0.88%。因为《国际贸易术语解释通则2020》马上生效，而通则规定，"在CIP INCOTERMS® 2020规则下，卖方需要投保符合《伦敦保险协会货物保险条款》（A）款或其他类似条款下的范围广泛的险别，而不是符合（C）款下的范围较为有限的险别。"为了保险起见，顺发公司决定先以最高

知识点视频

案例解析视频

险别一切险，另加保战争险和罢工险核算价格，投保加成按国际贸易惯例，以 CIP 价格加一成投保。次日，业务部门完成价格核算，重新向威尔公司发盘（图1-8）。

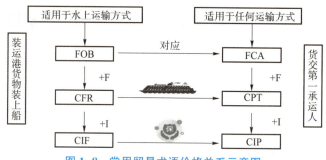

图 1-8　常用贸易术语价格关系示意图

问题引导：

1. 顺发公司应如何对外报价？
2. 改报价格会对出口商产生哪些影响？如果客户要求改报 CIFC 价格呢？

案例解析：

1. 出口报价中改报价格术语，首先要明确贸易术语的关系和价格构成。案例中，顺发公司初次报价 CPT 价格，CPT（Carriage Paid to）——运费付至，使用 CPT 贸易术语成交，卖方需签订货物运输合同，承担货物从交货地至约定目的地的运费。因此，CPT 的价格构成为：CPT 价格=实际购货成本+国内费用+国际运费+预期利润。而客户还盘要求改报 CIP 价格，CIP（Carriage and Insurance Paid to）——运费和保险费付至，使用 CIP 贸易术语成交，卖方除需签订货物运输合同，承担货物从交货地至约定目的地的运费，还必须为买方签订从交货地至目的地的保险合同，承担保险费。案例中客户还要求3%佣金，因此，CIP 含佣价的价格构成为：CIP 含佣价=实际购货成本+国内费用+国外运费+国外保险费+佣金+预期利润。故 CIP 含佣价与 CPT 净价的关系为：CIP 含佣价=CPT 净价+国外保险费+佣金。而保险费计算公式：保险费=CIP*(1+投保加成率)*保险费率，佣金计算公式为：佣金=含佣价*佣金率。将保险费和佣金计算公司代入 CIP 含佣价公式，我们得出：

CIP 含佣价=CPT 净价+ CIP 含佣价×(1+投保加成率)×保险费率+CIP 含佣价×佣金率
　　　　=6.5+CIP 含佣价×(1+10%)×0.88%+CIP 含佣价×3%

公式移项，我们得出：CIP 含佣价×(1-1.1×0.88%-3%)=6.5，解一元一次方程，得到 CIP 含佣价=6.77 美元（保留两位小数点）。因此，案例中顺发公司重新发盘应改报价格为：USD6.77 PER PC CIPC3 OTTAWA。据此，我们还可推导出一般性价格转换公式：

CIF 含佣价或 CIP 含佣价=CFR 或 CPT 净价/(1-投保加成×保险费率-佣金率)

2. 首先，CPT 价格改报 CIPC 价格会导致出口商承担的责任增加。CIP 贸易术语成交卖方要比 CPT 贸易术语多承担办理国际货物运输保险的责任。其次，价格改报会导致出口商费用的增加。CIP 含佣价卖方要比 CPT 多承担国外保险费和客户佣金，含佣价还导致卖方承担的保险费超过 CIP 净价投保。再次，需要提交的单据增加。卖方需要额外提交保险单，特别是案例中使用信用证结算货款，单据增加也提高了交单不符的风险。若改报 CIF 含佣价，卖方承担的风险和费用都会增加。CPT 贸易术语卖方风险自货交承运人转移买方，而 CIF 贸易术语成交，卖方风险自货物装到船上转移买方，卖方需额外承担从济南运到装运港途中的风险和内陆运费。

 思政小课堂

遵守规则　贵比黄金

　　国际贸易惯例是在国际贸易领域经过长期反复实践而逐步形成的，得到各国普遍承认并实际运用。国际贸易惯例具有"普遍承认"的特点说明其通用性，为世界各国或某一个领域、行业的厂商所熟知并共同遵守。在国际贸易实践中，一旦买卖双方之间发生贸易矛盾或纠纷时，各国的法律都不能作为统一的标准来适用，国际贸易惯例则为处理国际贸易纠纷提供了评定是非的标准。随着国际市场中国家数量的日益增多，各国之间的运输、保险、银行、海关等关系越来越复杂。假如没有一个统一的惯例来约束，整个国际贸易就会杂乱无章，没有秩序可循，就会影响各国之间的业务进展。外贸业务员应该熟知惯例、遵守规则，既要维护本企业正当权益，也要尊重交易对象的风俗习惯，化解纠纷减少风险。

 **能力拓展实训**

班级	学号	姓名	成绩

基础实训1：内陆出口中使用FOB存在的风险

案情介绍：

我国某内陆出口公司于某年2月向日本出口30公吨甘草膏，每公吨40箱共1 200箱，每公吨售价1 800美元，FOB新港，共54 000美元，即期信用证，装运期为2月25日之前，货物必须装集装箱。该出口公司在天津设有办事处，于是在2月上旬便将货物运到天津，由天津办事处负责订箱装船，不料货物在天津存仓后的第二天，仓库午夜着火，抢救不及，1 200箱甘草膏全部被焚。办事处立即通知内地公司总部并要求尽快补发30公吨。否则无法按期装船。结果该出口公司因货源不济，只好要求日商将信用证的有效期和装运期各延长15天。

实训任务：

1. 本案例中，我方受损的主要原因是什么？
2. 选择贸易术语时应考虑哪些因素？为什么？

_____
_____
_____
_____
_____

 笔记区

基础实训 2：谁为串味的茶叶负责？

案情介绍：

买卖双方签订合同，以 EXW 贸易术语成交出口 10 000 千克茶叶，价值为 25 000 美元。合同规定买方应于 10 月提货，卖方于 10 月 8 日将提货单交付给买方，买方也已付清货款，但买方在 10 月 31 日仍未提货。卖方急于腾出仓库，于是将茶叶搬到另一个备用仓库，由于备用仓库曾存放牛皮，导致茶叶串味失去商业价值，对此双方发生争议。

实训任务：

1. 本案中买方应承担何种责任？为什么？
2. 本案中卖方应承担何种责任？为什么？

 笔记区

基础实训3：FCA贸易术语下的交货义务如何确定？

案情介绍：

美国汤姆逊食品加工公司（以下简称汤姆逊公司）于某年3月与巴西布拉斯科公司签订了购买900公吨咖啡豆的国际货物买卖合同，交货条件是FCA布宜诺斯艾利斯。合同中规定，由汤姆逊公司在签约后的20天内预付货款金额的40%作为定金，剩余款项在收到货物后汇付给布拉斯科公司。合同签订后20天内，汤姆逊公司如约支付了定金，布拉斯科公司也于5月2日将货物交给布宜诺斯艾利斯的一家运输代理公司（由汤姆逊公司指定）。布拉斯科公司交货后，即电告汤姆逊公司要求其付款。然而5月3日晚，布宜诺斯艾利斯市突然遭遇罕见大雨，由于货代公司疏忽，致使堆放货物的仓库进水，100公吨咖啡豆被水浸泡损坏。汤姆逊公司以未收到货物为由，拒绝支付剩余货款，布拉斯科公司遂提请仲裁机构处理。

实训任务：

汤姆逊公司拒绝付款是合理的吗？为什么？

_____
_____
_____
_____
_____

 笔记区

能力进阶 1：卖方应该承担运输风险吗？

案情介绍：

买卖双方按照 FOB 条件签订了一笔化工产品柠檬酸（细小颗粒状）的买卖合同。装船前检验时，货物品质良好，符合合同的规定。货到目的港后，买方收货时搬运工发现袋内结有硬块，后经证实是部分结块，并导致货物品质发生变化。经调查确认，货损的原因在于货物包装没有按合同规定密封好，在运输途中吸收了空气中的水分所致。于是，买方提出索赔。但是卖方指出，货物装船前是合格的，品质变化是在运输途中发生的，也就是装上船后才发生的，按照国际贸易惯例，其后果应该由买方承担，因此卖方拒绝赔偿。双方为此发生争执。

实训任务：

1. 如何理解 FOB 贸易术语中的风险划分？
2. 你认为本案中损失应该由谁来承担？为什么？

 笔记区

能力进阶 2：如何根据贸易术语来核算价格？

案情介绍：

青岛迈威科技公司是一家从事微波设备进出口的公司，2018 年 6 月前往美国费城国际展览中心参加美国微波技术展，在展会上认识了来自美国 JH 公司的客户史密斯先生。史密斯先生对该公司一款展品非常感兴趣，表示公司正需要定制一款微波设备，日后可以加强合作。展会结束，迈威科技公司主动联系史密斯先生，表示可根据客户需要开发新品。史密斯先生回电说明了所需设备的核心用途。随后，双方就设备开发的技术细节进行了几次探讨，最终确定了产品方案，并对迈威科技公司提供的样机进行了实验，完全达到了 JH 公司对设备的性能要求。

2019 年 2 月 16 日，该公司收到 JH 公司关于微波设备的询盘。来函要求迈威科技公司报出 200 台微波设备的 FOBC2 New York 报价。迈威科技公司初步核算了产品的各项成本费用：其中，微波设备的进货成本是 500 元人民币（含 13%增值税），国内运费 1 200 元，港区港杂费 800 元，报关费 100 元，银行手续费 0.5%，其他各种费用合计 300 元；青岛至纽约一个 20 英尺的集装箱海运费 2 000 美元，查询国税局网站，出口微波设备的出口退税率为 13%，当天汇率：1 美元＝7.081 3 元人民币。

问题引导：

1. 迈威科技公司应如何报价才能避免损失并获得收益？
2. 出口报价应考虑哪些因素？

 笔记区

项目评价反思

完成表 1-1 和表 1-2。

表 1-1　项目完成效果评价量级表

评价类别	评价项目	评价等级			
		😀	🙂	😟	😠
自我评价	对本项目知识的兴趣				
	本项目知识点的掌握情况				
	理解同伴的思路并积极交流				
	本项目学习得到的收获				
小组互评	积极参与小组讨论				
	积极查阅资料、提供分析依据				
	积极参与小组分工协作				
教师评价	语言表达能力				
	案例分析能力				
	积极发言				
综合评价					

表 1-2　风险识别与评估能力自测表

序号	风险点	评价等级			
		😀	🙂	😟	😠
1	混淆有关贸易术语的不同惯例导致风险				
2	误解国际贸易术语的性质和作用导致的风险				
3	不同贸易术语中风险的正常转移和非正常转移				
4	FOB 贸易术语使用中存在的风险（高频）				
5	CFR 贸易术语使用中存在的风险（高频）				
6	CIF 贸易术语使用中存在的风险（高频）				
7	FCA、CPT、CIP 贸易术语使用中存在的风险				
8	CIP、CPT、FCA 与 CIF、CFR、FOB 术语的不同（高频）				
9	EXW 贸易术语适用条件及买卖双方的义务和责任				
10	D 组贸易术语适用条件及买卖双方的义务和责任				
11	选择国际贸易术语时需要考虑的因素（高频）				
12	合同中变更国际贸易术语双方义务带来的风险				
13	国际贸易术语与其他条款不匹配带来的风险				
14	理解《国际贸易术语解释通则 2010》与《国际贸易术语解释通则 2020》的不同				
15	不同贸易术语对装卸货的处理方式				
综合评价					

项目二　交易磋商与合同订立纠纷

项目导学单

项目二导学单		
学习目标	素质目标	• 充分尊重贸易伙伴，态度谦和不卑不亢； • 对立约意愿和内容的准确表达和充分沟通； • 诚信为本，尊重契约精神； • 客观公正、实事求是的处理合同纠纷
	知识目标	• 熟悉开发客户的基本思路； • 熟悉交易磋商的各个环节； • 掌握国际货物买卖合同相关的国际惯例； • 掌握交易磋商的基本流程
	能力目标	• 能处理交易磋商中发生的纠纷； • 能正确理解有效发盘和接受； • 能正确判断合同生效与否； • 能灵活利用国际惯例维护合同有效性
学习重难点		• 有效发盘与有效接受的含义； • 合同成立的必要流程； • 国际公约对交易磋商的解释； • 交易磋商与价格核算
建议学时		4课时
高频风险点提示		
• 对受发盘约束理解不充分导致纠纷； • 对于发盘的撤回与撤销处理不当导致纠纷； • 不能正确处理有条件接受和逾期接受导致纠纷； • 价格核算失准导致交易磋商失败造成经济损失		
致未来外贸业务员的第 2 封信		
一份严谨的合同对于约束双方顺利履行至关重要，而交易磋商是交易合同成立的基础，如果不能清晰地认识交易磋商中各个过程的具体含义，不能正确处理交易伙伴提出的各种要求，不仅影响合同的成交，也会影响接下来的履约过程，对交易双方合作关系造成障碍。清晰地掌握交易磋商和合同订立，并能以一个正确的态度处理交易磋商，是每个外贸业务人员的必备技能，不仅能使交易顺利进行，也能保障交易双方各自获得最大的利益，最终形成长久、稳定的合作关系。		

项目导学单

 基础知识全景图

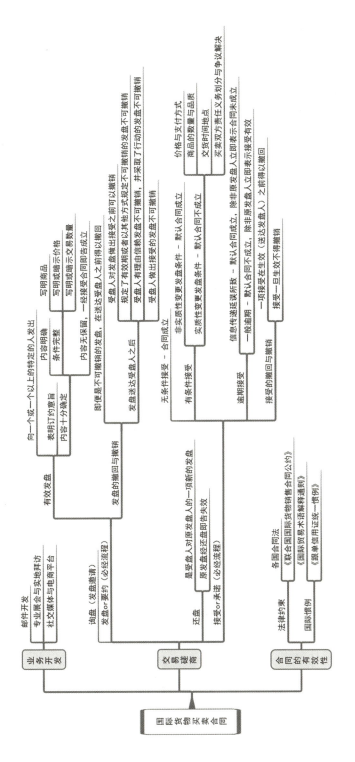

金桥业务漫漫谈之"成交"

青岛金桥进出口公司由于生产需要进口一批原料，业务员 Linda 接到任务开始四处询盘，9月5日她收到一家法国公司的发盘，发盘有效期到9月10日。经总公司研究认为价格合理，正准备发出接受邮件、开立信用证时，Linda 却收到了这家法国公司撤销发盘的邮件。但是此时商品行情趋涨，再寻找其他供应商已经无法取得相同的报价，Linda 将这封撤销发盘的邮件转发给主管，主管略加思索后回电法商，完全同意其9月5日发盘内容。这笔交易能够达成吗？

导入案例
（动画）

 风险案例解读

案例1：接受必须与发盘完全一致吗？

案情介绍：

知识点视频　知识点视频

2015年6月27日我国 A 公司应荷兰 B 公司的请求，发盘大豆200公吨，每公吨 CIF 鹿特丹300美元，即期装运。B 公司接到 A 公司发盘后，没有当即表示接受，而再三请求 A 公司增加数量，降低价格，并延长有效期。在反复磋商中，A 公司将数量增至300公吨，价格每公吨 CIF 鹿特丹减至290美元，有效期两次延长，最后延至7月25日。

案例解析视频

B 公司于7月22日发来邮件接受该盘，但附加了包装条件为"需提供良好适合海洋运输的袋装"。A 公司在接到对方接受邮件时，发现因巴西受冻灾而影响大豆的产量，国际市场价格已猛涨，从而拒绝成交，并回复称："由于世界市场的变化，货物在接到邮件前已售出。"（图2-1）

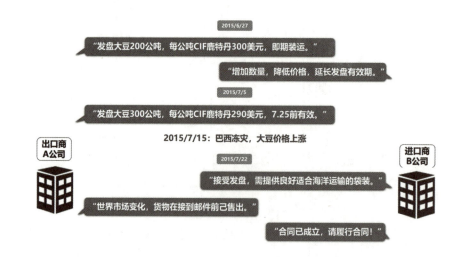

图2-1　有条件接受，合同是否成立？

但 B 公司不同意这一说法，认为接受是在发盘有效期内做出，因而是有效的，坚决要求我方按发盘的条件履行合同，并提出要么执行合同，要么赔偿对方差价损失 23 万余元人民币，否则提交仲裁解决。这项纠纷双方经多次沟通，争论十分激烈，但最终 A 公司只能承认合同已经成立而告结束，只是坚持包装为麻袋装。合同根据 A 公司发盘时的价格得以执行，A 公司损失人民币差价达 23 万元。

问题引导：
1. 本案中合同是怎样成立的？
2. A 公司的损失是否可以避免？

案例解析：

1. 国际货物买卖合同的成立，必须要经过发盘与接受两个步骤。这两个环节对于成立一项合同是必须同时具备、缺一不可的，只有一方当事人做出发盘，且被另一方当事人所接受，合同才得以达成。发盘作为一方当事人的订约提议，其构成必须具备三个条件：（1）向一个或一个以上特定的人提出；（2）内容十分确定；（3）表明发盘人在得到接受时承受约束的意旨。其中，所谓内容"十分确定"，是指其只须列明货物、数量和价格三项条件即可。本案例中 A 公司的发盘具备了发盘的三个构成条件：受盘人特定——B 公司；内容确定——货物、数量与价格清楚；表明受其约束——以有效期显示，构成完整有效的发盘。

B 公司于有效期内来电接受，但附加了包装条件。根据《联合国国际货物销售合同公约》（以下简称公约）第 19 条的规定："有关货物价格、付款、货物的质量和数量、交货地点和时间、一方当事人对另一方当事人的赔偿责任范围或解决争端等的添加或不同条件，均视为在实质上变更发盘的条件。"本案中 B 公司对包装条件的附加并不属于对发盘实质上的变更，B 公司的接受有效，从而使合同得以成立。

2. 本案中，A 公司受损的客观原因是大豆的国际市场价格猛涨，但致使这笔损失发生的关键和决定性因素却不是涨价，而是 A 公司工作人员的操作失误。A 公司业务人员根据国际市场的变化所做出的决策是正确的，然而却采取了错误的方法。B 公司接受 A 公司的发盘后，回复货物已经售出不能阻止成交。根据公约第 18 条第（2）款"接受发盘与表示同意的通知送达发盘人时生效。"可得出合同已于我方接到荷商的承诺电报时订立。所以，我方的复电不但未能阻止成交，反而是在毁约。

当然，A 公司原本的用意是想撤销发盘。发盘人在寄出发盘后，如遇国际市场发生不利变化或自身情况有异，需要收回或修改发盘本是在情理之中和法律允许的，这种收回在发盘生效前称为"撤回"，在发盘生效后称为"撤销"。但根据公约第 16 条的规定："在未订立合同之前，发盘得予撤销，如果撤销通知于被发盘人发出接受通知之前送达被发盘人"，"发盘写明接受发盘的期限或以其他方式表示发盘是不可撤销的"，A 公司的发盘中明确写明了有效期，该发盘送达 B 公司后是无法撤销的。

针对案例中的这种情况，潜在的处理方法是将回复内容更改为"不能同意你方对包装条件的添加"。这样，就可使其构成还盘，而还盘即为对该项发盘的拒绝，根据公约第 17 条的规定："一项发盘，即使是不可撤销的，于拒绝通知送达发盘人时终止。"可知其将导致该发盘失效，之后即使 B 公司再发来不作任何变更的"接受"（实则为一项新的发盘），A 公司也不再受原发盘的约束而从容掌握主动，从而可根据当时上涨后的

风险案例解读

价格重新报价并说明原发盘失效的原因和新价格的市场依据，从而避免这笔因回复内容失误引起的损失。

惯例摘录

《The United Nations Convention on Contracts for the International Sale of Goods，CISG》

Article 14-15

Article 14

(1) A proposal for concluding a contract addressed to one or more specific persons constitutes an offer if it is sufficiently definite and indicates the intention of the offeror to be bound in case of acceptance. A proposal is sufficiently definite if it indicates the goods and expressly or implicitly fixes or makes provision for determining the quantity and the price.

(2) A proposal other than one addressed to one or more specific persons is to be considered merely as an invitation to make offers, unless the contrary is clearly indicated by the person making the proposal.

Article 15

(1) An offer becomes effective when it reaches the offeree.

(2) An offer, even if it is irrevocable, may be withdrawn if the withdrawal reaches the offeree before or at the same time as the offer.

案例2：发盘都可以撤销吗？

案情介绍：

我国对外承包公司A公司于2014年5月3日请德国供应商B公司发盘出售一批钢材。A公司在邮件中声明：要求这一发盘是为了计算承造一栋大楼的标价，和确定是否参与投标之用，我方必须于5月15日向招标人送交投标书，而开标日为5月31日。

德国B公司于5月5日用电传就上述钢材向A公司发盘。A公司据以计算标价，并于5月15日向招标人递交投标书。5月20日德国B公司供应商因钢材价格上涨，发来传真通知撤销5月5日的发盘。A公司当即复电表示不同意，于是双方发生争议。5月31日开标，A公司中标（图2-2）。

随即传真通知德国B公司接受5月5日的发盘，但B公司坚持该发盘已于5月20日撤销，合同不成立（图2-2）。

知识点视频

案例解析视频

知识点视频

问题引导：

该合同是否成立？为什么？

解析提示：

德国B公司应按照5月5日的发盘内容与我方公司签订合同。

中国与德国都是公约的缔约国，所以在这个案例中适用公约内容。根据公约的规定，在发盘已经生效，但受盘人尚未表示接受之前这一段时间内，只要发盘人及时将撤销通知送达受盘人，仍可将其发盘撤销。

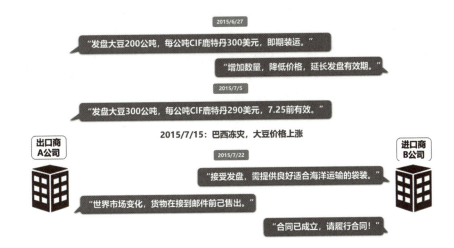

图 2-2 规定有效期的发盘

但是下列两种情况下的发盘，一旦生效，则不得撤销：

1. 在发盘中规定了有效期，或以其他方式表示该发盘是不可撤销的。
2. 受盘人有理由信赖该发盘是不可撤销的，并本着对该发盘的信赖采取了行动。

在本案中，中方 A 公司在向对方询盘时明确表示，是为了投标制作标价时使用的，虽然在这项发盘中没有明确规定有效期，那应该是在一段合理时间内接受有效。这个合理时间就应该是在宣布中标后立即表示。

在德国 B 公司 5 月 20 日表示撤销该项发盘时，A 公司已经明确表示不同意撤销，所以按照公约不可以撤销发盘中的第二种例外，中方因为本着该项发盘不可撤销的信赖采取了行动，因此，该项发盘是不可以撤销的。在 5 月 31 日宣布中标后，中方又在合理时间之内表示了对其的接受，因此接受有效。

所以，德国公司应该按照 5 月 5 日发盘的内容与中方签订合同。

惯例摘录

《The United Nations Convention on Contracts for the International Sale of Goods，CISG》

Article 16-17

Article 16

(1) Until a contract is concluded an offer may be revoked if the revocation reaches the offeree before he has dispatched an acceptance.

(2) However, an offer cannot be revoked：(a) if it indicates, whether by stating a fixed time for acceptance or otherwise, that it is irrevocable；or (b) if it was reasonable for the offeree to rely on the offer as being irrevocable and the offeree has acted in reliance on the offer.

Article 17

An offer, even if it is irrevocable, is terminated when a rejection reaches the offeror.

案例3：如何确定合同适用的法律？

Case Description：

知识点视频

A Korean buyer, Hanwha (hereinafter, the "plaintiff") sued Cedar, an American petrochemical trader (hereinafter, the "defendant") for breach of contract. The defendant challenged the fact that a contract of sale had been validly concluded.

From January 2003 to April 2009, the parties engaged in several transactions for the sale of petrochemicals. Their course of dealing had not been smooth, but in past transactions they agreed, either explicitly or impliedly, on all contractual terms and met obligations accordingly.

In the disputed transaction, defendant acknowledged plaintiff's bid to purchase 1,000 metric tons of Toluene at the then current market price, US＄640 per metric ton. Defendant dispatched signed documentation to plaintiff, including a clause selecting New York law, the UCC, and INCOTERMS 2000. Plaintiff did not respond, "but engaged with [defendant] in preparing a bill of lading and nominating a vessel for the ocean carriage". Later, plaintiff sent back the amended documentation, with Singapore law and INCOTERMS 2000 as governing law.

Upon sending back the documentation, plaintiff wrote that no contract would "enter into force" unless defendant countersign the documentation as is. Defendant refused to take plaintiff's terms and instead asked plaintiff to sign and return per defendant's terms. In the meantime, the parties "worked out" two letters of credit. With the unit price of Toluene rising from US＄640 to ＄790.50, defendant decided to retreat and sell the product to another buyer（图2-3）.

（Adapted from：ALBERT H. KRITZER, CISG DATABASE, PACE University）

图2-3　New York Law or Singapore Law？

Question：

Has the contract been formed?

Answer:

To determine whether a contract was formed, the court set out to find which formation rules apply. According to the sole judge, "the parties never agreed on a substantive law to displace the CISG, and their competing choices must fall away, leaving the CISG to fill the void by its own self-executing force". The court's finding that competing terms must "fall away" was based on UCC precedents, since, as repeatedly (not less mistakenly) stated by US courts, "case law interpreting the CISG is relatively sparse" and "case law interpreting analogous provisions of Article 2 of the Uniform Commercial Code ('UCC') may also inform a court where the language of the relevant CISG provisions track that of the UCC".

In light of the CISG, it was the finding of the court that a contract for the sale of Toluene was never concluded. Court performed an objective analysis of the parties' declarations under Art. 8 (2) CISG, since evidence of subjective intent (Art. 8 (1)) was missing. In view of the parties' course of dealing (Art. 8 (3) CISG), court found that plaintiff did not show an intent to be bound by its offer. According to the court, in prior transactions, the parties engaged in a "familiar two-step process": first, forming a firm bid and second, negotiating final terms and conditions. They had never performed until an agreement on all terms of the contract had been reached.

As stated by the court, "it is clear that these parties did not enter into a final contract until they agreed to the final terms embodied in the contract documents, and not when they agreed [plaintiff's] bids on product, quantity, and price". During the instant transaction, "the parties never worked out the final terms of the contract because they never formed an agreement on a term they deemed material, a choice of governing law".

The court found the parties' exchange of standard terms to "constitute a counter-offer, and a rejection of the counter-offer, within the meaning of Article 19 (1) [CISG]". Plaintiff "insisted that [defendant] accept [its] modification explicitly", whereto defendant objected immediately. This was interpreted by the court as meaning that the parties regarded the modifications as material by virtue of Article 19 (2). "As the parties thereafter failed to reconcile their views, it is apparent that they never formed a final contract".

惯例摘录

《The United Nations Convention on Contracts for the International Sale of Goods, CISG》
Article 19

(1) A reply to an offer which purports to be an acceptance but contains additions, limitations or other modifications is a rejection of the offer and constitutes a counter-offer.

(2) However, a reply to an offer which purports to be an acceptance but contains additional or different terms which do not materially alter the terms of the offer constitutes an acceptance, unless the offeror, without undue delay, objects orally to the discrepancy or dispatches a notice to that effect. If he does not so object to, the terms of the contract are the terms of the offer with the modifications contained in the acceptance.

(3) Additional or different terms relating, among other things, to the price, payment, quality and quantity of the goods, place and time of delivery, extent of one party's liability to the other or the settlement of disputes are considered to alter the terms of the offer materially.

案例4：迟到的接受还有效吗？

案情介绍：

2012年3月15日，我国A公司向新加坡客户G公司发盘："CM034童装200打，每打CIF新加坡100美元，8月份装运，即期信用证付款，25日前有效。"3月22日收到G公司答复如下："15日发盘收到，价格过高，目标价格每打90美元。"A公司次日复电："报价已是最低价，降价之事歉难考虑。"

知识点视频

案例解析视频

3月26日，G公司要求快递一份样品以供参考。A公司于3月29日寄出样品，并告知对方："4月8日前复到有效。"4月3日，G公司确认样品后将尺寸图样和对发盘的接受函一同快递回A公司，但4月10日才送到A公司。我国A公司经办人员视其为逾期接受，故未作任何表示。

7月6日，A公司收到G公司开来的信用证，并请求用尽可能早的航班出运。此时因原料价格上涨，A公司已将价格调整至每打110美元，故于7月8日回复G公司称："我公司与你方此前未达成任何协议，你方虽曾对我方发盘表示接受，但我方4月10日才收到，此乃逾期接受，无效。请恕我方不能发货。信用证已请银行退回。如你方有意成交，我方重新报价每打CIF新加坡110美元，9月份交货，其他条件不变。"

7月12日G公司来电："我方曾于4月3日接受你方发盘，虽然如你方所言，4月10日才送达你方，但因你我两地邮程仅需三天，尽管我方接受在传递过程中出现了失误，但你我两国均为公约缔约国，按公约第21条第2款规定，你方在收到我方逾期接收后未作任何表示，这就意味着合同已经成立，请确认你方将履行合同，否则一切后果将由你方承担。"（图2-4）

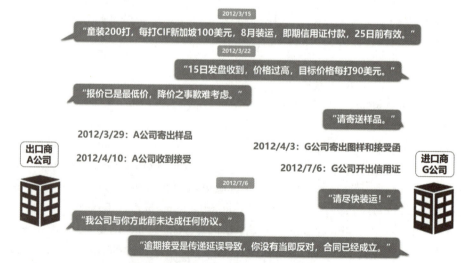

图2-4 合同磋商过程中的"逾期"接受

问题引导：

1. 根据公约的规定，有效接受需要满足的条件有哪些？本案是否满足？
2. 本案例双方交易是否达成？为什么？

案例解析：

1. 根据公约的规定，构成有效接受的条件有：①接受必须由特定的受盘人做出。②接受必须表示出来。③接受必须与发盘相符。④接受必须在发盘的有效期内表示。公约对于有效接受的定义是以送达发盘人之日为准，可见，G 公司的接收函 4 月 10 日才送到 A 公司，此接受为逾期接受，不满足有效接受的条件。

但是公约第 21 条规定："①逾期接受仍有接受的效力，如果发盘人毫不延迟地用口头或书面形式将此种意见通知受盘人。②如果载有逾期接受的信件或其他书面文件表明，它在传递正常的情况下是能够及时送达发盘人的，那么这项逾期接受仍具有接受的效力，除非发盘人毫不延迟地用口头或书面方式通知受益人，他认为发盘已失效。"可见，本案中 G 公司的接受满足第②种情况。A 公司没有及时通知 G 公司接受失效的情况下，G 公司的接受是有效接受。

2. 本案争议双方所在国均为公约的缔约国，因此，应按公约的有关规定处理。根据这条规定，不管什么原因造成的逾期接受，发盘人都有权决定它有效还是失效，只要采取相应的行动即可。A 公司 4 月 10 日收到逾期接受后，如及时复函表示发盘已失效，则该接受就不能有效，合同不成立。如未及时复函表示发盘失效，则合同成立。

此时 A 公司再提出提高价格则会构成违约。在收到逾期接受时，首先要判断造成逾期的原因。如难以判断，则根据具体情况采取不同做法，或去电确认有效，或表示发盘已失效。A 公司对逾期接受置之不理，产生了纠纷，陷入被动，造成了不必要的损失。

惯 例 摘 录

《The United Nations Convention on Contracts for the International Sale of Goods, CISG》Article 21

(1) A late acceptance is nevertheless effective as an acceptance if without delay the offeror orally so informs the offeree or dispatches a notice to that effect.

(2) If a letter or other writing containing a late acceptance shows that it has been sent in such circumstances that if its transmission had been normal it would have reached the offeror in due time, the late acceptance is effective as an acceptance unless, without delay, the offeror orally informs the offeree that he considers his offer as having lapsed or dispatches a notice to that effect.

案例 5：口头合同具有法律效力吗？

案情介绍：

2005 年 4 月 4 日，我国香港 C 公司向内地 F 公司在港的代理 S 公司发盘出售鱼粉，并规定于当天下午 5 时前答复有效。当天，S 公司与 F 公司联系后，将 F 公司的意见转告C公司，要求单价CFR上海每吨483美元降至每吨480美元，索赔条款改为中国惯用的条款，并明确指出："以上两点如同意，请速告知，并可签约。"4月5日，C公司与F公司直接通过电话协商，双方各作让步，F公司接受每吨483美元的价格，C公司同意将索赔条款修改为："货到45天内，经中国商检机构检验后，如发现问题，在此期限内提出索赔。"

案例解析视频

至此，双方口头上达成一致意见。4月7日，C公司在给F公司的电传中，重申了发盘的主要内容和双方电话协商的结果。同日，F公司回电传给C公司，并告知由F公司的部门经理某先生在广交会期间直接与C公司签署合同。4月22日，C公司副总裁来广交会会见了F公司部门经理，并交给他C公司已签字的合同文本。该经理表示要审阅后签字。4天后，C公司派人去取合同时，F公司仍未签字。C公司副总裁随即指示将未签字的合同索回。

5月2日，C公司致电传F公司，声称要对F公司不执行合同，未按合同条款规定开立信用证造成C公司的损失提出索赔，除非F公司在24小时内保证履行义务。5月3日，F公司传真给C公司称，该公司部门经理4月22日接到合同时明确表示需对合同条款完善补充后才能签字，未签约前，不存在买方开立信用证问题。并认为C公司4月26日索回合同表示C公司"已改变主意，不需要完善合同条款而作撤约处理，没有必要等我方签字生效"，明确表示根本不存在承担责任问题。

5月5日，C公司电传F公司称该公司索回合同不表示撤约，双方之间有约束力的合同仍然存在，重申对所受损失保留索赔的权利。5月6日，F公司答复如下："1.买方确认卖方发盘，并不等于一笔买卖最终达成，这是惯例。2.4月22日，我方提出完善补充合同条款时，你方只将单方签字的合同留下而未作任何表示。3.4月26日，未等我方在合同上签字，你方也不提合同条款的完善、补充，就将合同匆匆索回，也未提任何意见。现贵公司要我开证履约，请问我方凭以开证的合同都被你方撤回，我方何以开证履约呢？上述说明，你方对这笔买卖毫无诚意，时隔多日又重提此事，我方对此深表遗憾，且我方无须承担由此引起的任何责任。"

5月15日，C公司又电传F公司，告知该公司副总裁将带去合同文本，请F公司签字。5月22日，C公司电传称，C公司副总裁未能与F公司人员相约会见，故将合同文本快邮给F公司让其签字，并要求F公司答复是签合同还是不签，还提出如不确认合同业已存在，要F公司同意将争议提交伦敦仲裁机构仲裁。5月23日，F公司回电重申该公司的立场。6月7日及6月12日，双方又电传往来，各持己见。F公司还将C公司快邮寄来的合同文本退回。

7月26日，C公司向香港最高法院提起诉讼，状告F公司违约。香港最高法院受理此案，判决F公司赔偿C公司的损失及利息共计85万美元（图2-5）。

问题引导：

F公司在本案中的处理方式有哪些不妥？

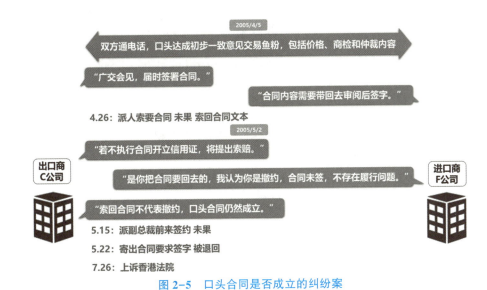

图 2-5 口头合同是否成立的纠纷案

案例解析：

本案中争议的关键在于 4 月 5 日电话沟通达成的一致意见作为口头合同是否生效。在 4 月 5 日与 C 公司通过电话协商时，F 公司未明确提出要签订书面合同。而我国的《合同法》《民法典》和联合国《国际货物销售合同公约》基本上都认为合同可以任何方式达成，其中就包括口头合同。本案法院判定 F 公司败诉，如 F 公司在口头上达成一致意见后明确表示："签订书面合同之前，合同不成立"，就可避免双方在此问题上产生争议。正是由于 F 公司忽视了这一点，才为以后产生争议、遭到索赔以致最终败诉埋下了隐患。

F 公司在 4 月 7 日电传给 C 公司时，虽表示要在广交会上与 C 公司签署合同，但未明确表示作为合同有效成立的条件，会给对方这么一个印象：签署合同不过是一种形式而已。事实上 C 公司就是这样认为的。F 公司收到合同文本后，仅表示审阅后签字，但其部门经理"审阅"了四天，未作任何表示。从对方的立场来看，这意味着 F 公司对合同条款表示接受。而"审阅"二字，在 F 公司随后的函电中变成了"完善补充合同条款"。且不论两者的意思是否相同，如 F 公司真有此需要，应及时向 C 公司提出具体意见，这才是正确的做法。

4 月 26 日，C 公司索回 F 公司尚未签字的合同文本后，F 公司未作任何表示，使自己更加被动。如 F 公司能及时明确地告诉对方，该行为表示 C 公司已改变主意，不愿与 F 公司成交，F 公司对此保留索赔权利等等，就有可能使随后的进程发生改变。另外，F 公司的函电措辞不当，几次提及此事，都使用了"撤约"一词。"撤约"应当指"撤销合同"，而 F 公司一直坚持合同尚未成立，这种自相矛盾的做法，难免授人以柄。

综上所述，本案 F 公司之所以败诉，一方面是由于 F 公司没有意识到口头合同的重要性，另一方面是在后期与 C 公司交涉过程中的处理不当，导致了本案中的争议、索赔及败诉。

惯例摘录

《The United Nations Convention on Contracts for the International Sale of Goods, CISG》Article 11-13

Article 11

A contract of sale need not be concluded in or evidenced by writing and is not subject to any other requirement as to form. It may be proved by any means, including witnesses.

Article 12

Any provision of article 11, article 29 or Part II of this Convention that allows a contract of sale or its modification or termination by agreement or any offer, acceptance or other indication of intention to be made in any form other than in writing does not apply where any party has his place of business in a Contracting State which has made a declaration under article 96 of this Convention. The parties may not derogate from or vary the effect or this article.

Article 13

For the purposes of this Convention "writing" includes telegram and telex.

案例6：议价伤感情吗？

案情介绍：

2019年5月，广东惠洁贸易公司（以下简称惠洁公司）自阿里巴巴国际站收到英国MK公司询盘，要求订购一批卫浴设备，CFR LONDON成交。收到MK公司询盘后，惠洁公司立即安排外贸业务员小王进行成本核算，准备发盘给MK公司。小王即刻通知卫浴设备的制造商报价，次日收到报价如下：5171T陶瓷卫浴套装300套，规格695 mm×370 mm×780 mm，坑距400 mm，含税价1 000元每套，增值税率13%，标准出口纸箱装，每箱装1套，箱内衬泡沫，纸箱外箱体积为700 mm×380 mm×800 mm，工厂交货。另了解到，当时美元对人民币汇率为1：7.051，国内运杂费每套50元，报关费200元，港区港杂费900元，其他费用合计1 500元，广州到伦敦40英尺集装箱包箱费率4 250美元。经过仔细核算，小王发盘MK公司，对外报价一个40英尺集装箱卫浴设备，每套160美元CFR LONDON，即期不可撤销信用证结算，8月装运。次日，收到客户还盘，要求每套降至145美元（图2-6）。

知识点视频

案例解析视频

问题引导：

1. 惠洁公司应如何进行价格核算，判断还盘价格是否盈利？
2. 若客户还价不变，惠洁公司应如何保证10%的预期利润？

案例解析：

1. 产品的价格构成包括三部分：成本、费用和利润。根据《国际贸易术语解释通则2020》，CFR贸易术语成交，卖方需承担国内费用和海运费。因此，CFR价=实际购

图 2-6　案情介绍示意图

货成本+国内费用+海运费+预期利润。案例中，已知客户还盘价格，若核算还盘是否保证惠洁公司盈利，需先求出该价格下的预期利润额。若利润额为正，说明盈利，反之则亏损。根据 CFR 价格构成，预期利润=CFR 价-实际购货成本-国内费用-海运费

先求还盘价格下的预期收入：CFR 价 = 145×7.051 = 1 022.395（元）

再求实际购货成本：实际购货成本 = 进货成本-退税收入

$$= 1\ 000 - 1\ 000/(1+13\%) \times 13\% = 884.96（元）$$

最后求国内费用和海运费。因为费用需要分摊到单位货物，我们需要计算成交货物的数量。一个 40 英尺的集装箱（按 67 m^2 计算）包装件数：67/(0.7×0.38×0.8) = 314（箱）

单位货物国内运费：50 + (200+900+1 500)/314 = 58.28（元）

单位货物海运费：4 250×7.051/314 = 95.44（元）

因此，预期利润 = 预期收入-实际购货成本-单位货物国内运费-单位货物海运费

$$= 1\ 022.395 - 884.96 - 58.28 - 95.44 = -16.285（元）$$

利润为负数，说明客户的还盘导致惠洁公司亏损。

2. 根据 CFR 贸易术语的价格构成，产品的实际购货成本=预期收入-国内运费-海运费-预期利润。在价格既定、收入既定的前提下，要保证利润，只能缩减费用开支或调整采购成本。实际业务中，出口费用产生于履约过程，在报价核算时难以提前获得，外贸企业通常采用定额费率来估计出口费用，费用直接跟采购成本挂钩，而海运费由船公司明码标价，无法调整。因此，案例中企业要保证利润，只能通过与供货商谈判，压低进货价格，调整实际购货成本。结合上题：

还盘后的预期收入 = 145×7.051 = 1 022.395（元），国内费用：58.28 元，海运费：95.44 元

保证 10% 利润，则利润为：1 022.395×10% = 102.239 5（元）

产品的实际购货成本 = 预期收入-国内运费-海运费-预期利润

$$= 1\ 022.395 - 58.28 - 95.44 - 102.239\ 5 = 766.44（元）$$

进货成本 = 实际购货成本+出口退税

$$= 实际购货成本+进货成本/(1+增值税率) \times 退税率$$

= 实际购货成本×(1+增值税率)/(1+增值税率−退税率)
= 766.44×(1+13%)/(1+13%−13%) = 866.08（元）

因此，案例中惠洁公司若接受客户还价并保证 10% 的利润，需调整供货商进货价为 866.08 元，即通过谈判每套卫浴设备降价 133.92 元才可以成交。

案例 7：发盘错了怎么办？

案情介绍：

杭州梦思纺织品公司业务员 AMY 是一名外贸新手。2019 年 12 月，AMY 收到墨西哥客户 OWEN 的询盘，洽购 50 个乳胶枕作为圣诞礼品，要求空运发货。乳胶枕规格为：50 cm×30 cm×10 cm×7 cm，使用 OPP 袋包装后，再装入纸箱，一箱装 5 个，箱子尺寸是 70 cm×50 cm×38 cm，每箱枕头毛重 5.5 kg。AMY 咨询货代得知，杭州到墨西哥城的空运费率为：

知识点视频

案例解析视频

目的地	航空公司	Min	Normal	+45	+100	+300	+500	+1 000	航班日期	航程
墨西哥城	AE 华信航空	￥30	￥28	￥26	￥23	￥23	￥23	￥23	一、三	3 天

经计算，枕头的毛重合计 55 千克，于是 AMY 将折算后的空运费 1 430 元分摊入货价进行了对外报价。客户回复："We consider accepting your price. Please consider the quantity of 100 PCS and mail to inform the contract number."。可是当 AMY 准备缮制书面合同，并联系货代确定运费时，却被告知枕头计费重量为 222 千克，空运费总计 5 106 元。比自己预算的运费多出近 3 倍，原盘单价核算错误。AMY 不知所措，不知还能否挽救自己造成的损失（图 2-7）。

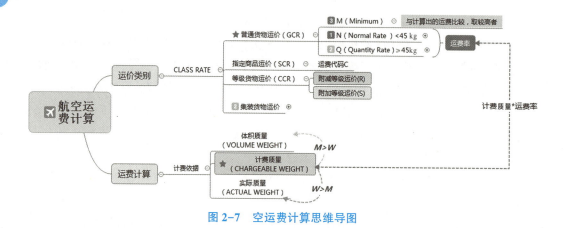

图 2-7　空运费计算思维导图

问题引导：

1. 航空运输是如何计费的？AMY 发盘错误失误在哪里？
2. 空运货物报价时应注意哪些问题？AMY 能否挽回自己的损失？

案例解析：

1. 空运货物有体积重量（VOLUME WEIGHT）和实际重量（ACTUAL WEIGHT）两个重量。航空公司将两个重量进行比较，哪个重，则按哪个收费，称为计费重量。也就是说，空运根据货物的密度计算运费，如果实际重量大于体积重量，则为重货。对于重货而言，计费重量等于实际重量，即货物的毛量；相反，实际重量小于体积重量，则按体积重量计费，称为轻泡货物，或抛货（BULKY CARGO）。轻泡货物的计费重量有两种方法：

（1）计费重量（千克）= 长（cm）×宽（cm）×高（cm）/6 000

（2）计费重量（千克）= 货物的体积（CBM）×167 千克

案例中 AMY 核算报价时，误把枕头的毛重视为空运的计费重量，直接用货物毛重乘以对应的等级费率［55×26 = 1 430（元）］得出空运费核算价格是错误。根据案例，枕头的体积重量为 70×50×38/6 000×10≈222（千克）。因为 222 千克大于 55（千克），所以计费重量应为 222 千克，空运费应为 222×23 = 5 106（元）。

2. 首先，空运货物要明确货物属于重货还是轻泡货，如果属于按照体积计费的货物，特别是一些轻泡货，床上用品、羽绒服、棉被等应改进包装，压缩体积，节省运费，提高出口商品价格的竞争力。其次，包装测量应留有余地，再咨询报价，避免运费增加造成损失。比如，纸箱包装，箱子塞太满，会导致箱子膨胀；箱子不满，则会导致挤压变形，部分箱体突出。因此，航空公司在测量货物外包装时，往往会比箱子的实际尺寸多出一两厘米，如果箱子有突出部分，按突出部分的长度来计算，也会造成运费增加。另外，需避免杂货包装，即一个包装里面有多种货物类别。在集中托运时，若一批货物由几件不同货物组成，有轻泡货也有重货。其计费重量采用整批货物的总毛重或总的体积重量，按两者之中较高的一个计算。最后，需了解不同航空公司对外包装规格的规定。单件货物最大、最小长宽高及重量限制等。对特殊物品运输需要的证书也要提前了解证书费用。

AMY 若想挽回损失，只能从客户的回函入手，仔细研究，回函是否构成有效接受。并利用谈判策略，如：一是买方使用"Accepting"（"正在接受中"），而非"Accepted"。有不肯定的意思。二是对数量虽提出"请考虑"字样，但对原发盘已作了实质性变更。三是"电告合同号码"意为请卖方公司作接受的表示。因此，在回函时，可引导对方客户将其回函视为还盘，并重新发盘，说明数量有限、成本上涨等因素，尽可能适当调整价格，减少损失。

思政小课堂

重视国际公约　防范合同风险

我国是公约的原始缔约国，公约自 1988 年生效以来，已成为调整国际货物销售合同关系的最重要的一个统一法公约。与我国有贸易往来的发达国家，除日本和英国外，均是公约的成员国。可以预计，公约在未来将会得到更为广泛的应用。因此，公约的重要性不言而喻。加强对公约中履行国际货物买卖的相关规则的理解，结合我国合同法中的买卖合同规定处理实际业务，国际贸易合同风险防范的关键。

各国之间的运输、保险、银行、海关等关系越来越复杂。假如没有一个统一的惯例来约束，整个国际贸易就会杂乱无章，没有秩序可循，就会影响各国之间的业务进展。外贸业务员应该熟知惯例、遵守规则，既要维护本企业正当权益，又要尊重交易对象的风俗习惯，化解纠纷，减少风险。

 **能力拓展实训**

班级	学号	姓名	成绩

基础实训 1：有条件接受是否构成还盘？

案情介绍：

2004 年 2 月 1 日巴西大豆出口商向我国某外贸公司报出大豆价格，在发盘中除列出各项必要条件外，还表示"编织袋包装运输"。在发盘有效期内我方复电表示接受，并称："用最新编织袋包装运输"。巴西方收到上述复电后即着手备货，并准备在双方约定的 7 月装船。之后 3 月大豆价格从每吨 420 美元暴跌至 350 美元左右。我方对对方去电称："我方对包装条件作了变更，你方未确认，合同并未成立。"而巴西出口商则坚持认为合同已经成立，双方为此发生了争执。

实训任务：

此案应如何处理？简述你的理由。

_____
_____
_____
_____

 **笔记区**

基础实训 2:以行为表示接受是有效的吗?

案情介绍:

2007年1月15日,我国A进出口公司接到以前无任何业务往来的法国B公司的询价,询问A进出口公司是否有松节油供货。随即A进出口公司业务科长向国内C工厂电话询问近期松节油报价。在电话中落实了存货数量、价格和近期可以供货的肯定答复后,该业务科长当天在C工厂口头报价的基础上,加上若干利润以传真方式向法国B公司报价:"现有松节油450桶,2月底交货,每桶130美元,FOB大连,不可撤销即期信用证付款。"

16天后,A进出口公司接到B公司按其报价条件开来的信用证,于是立即向C工厂发出订货函,并付出一笔定金。但第二天C工厂以缺乏原料和春节放假为由,通知A进出口公司要求延迟交货期至3月下旬,否则不接受订货。如果A进出口公司同意C工厂延期交货,显然无法依信用证规定的期限交货。

对此,A进出口公司业务科长认为:"既然我们收到了对方的信用证,说明我们知道了对方已经接受我方发价的事实,对方已经用申请银行开证的行为做出了接受,合同已经成立。"

实训任务:

1. B公司根据A进出口公司的报价条件向其开出信用证是否构成接受呢?

2. 合同是否如A进出口公司业务科长所说"由于对方已经用申请银行开证的行为做出了接受"而成立呢?

 笔记区

能力进阶1：交易条件变化后如何调整报价？

案情介绍：

2019年12月，天津某出口公司向美国公司发盘，出口1 000套计算机配件，商品单价每套54.5美元CIF纽约，CIF总价52 500美元，其中海运费4 100美元、保险费112美元。天津公司计算机配件的进货件为每套人民币351元，共计人民币351 000元（含增值税13%），公司额定的费用定额率为10%，出口退税率为13%。美国公司还盘52.5美元每套CIF纽约，并要求2020年2月交货。天津公司成本核算后接受了美国公司的还盘，并签订合同。2020年1月下旬新冠肺炎疫情在中国爆发，考虑到疫情的影响，为避免交货延期引起索赔，甚至无法交货导致更大损失，天津公司于2月初改为空运发货，空运费合计6 600美元。（当时美元银行外汇买入价为7.05元）。

实训任务：

1. 美国公司还盘后出口商的出口盈亏率为多少？
2. 改为空运发货后出口商的实际利润状况如何？

笔记区

能力进阶 2：发盘修改后应该如何处理？

案情介绍：

S 公司 8 月 12 日向其客户 A 公司寄出一份商品目录①，介绍了 S 公司经营的各式男女手套，并附有精美的图片。8 月 20 日 A 公司回电表示对其中的货号为 308A、309B、311B 很感兴趣，每个货号订购 100 打，并要求大、中号各半，10 月交货，请 S 公司报价。

8 月 22 日 S 公司发盘如下："报青字牌女式羊毛手套 300 打，货号为 308A、309B、311B 各 100 打，大、中号各半，每双 CIF 旧金山 12 美元，纸箱装，10 月装运，即期不可撤销信用证支付，8 月 30 日复到有效②。"

8 月 28 日 A 公司回电："你 8 月 22 日电悉。价格过高，每双 CIF 旧金山 10 美元可接受。"S 公司去电："你 28 日电悉。最低价每双 CIF 旧金山 11 美元，9 月 5 日复到有效。"

9 月 3 日 S 公司收到 A 公司的电开信用证③，其中单价为每双 11 美元，包装条款中注名"纸箱装，每箱 15 打，其他与发盘相符。"

S 公司审证时发现了 A 公司对包装条款所做的添加。S 公司的习惯包装是每箱 10 打，考虑到交货期临近，也不会增加费用。因此，S 公司第二天回电表示收到信用证④，并寄出按信用证条款拟好的书面合同一式两份，要求对方签字。同时积极准备交货。

9 月 7 日，储运部门通报，公司库存中没有可装 15 打手套的纸箱，现有纸箱一种为可装 10 打的习惯包装，另一种可装 20 打。S 随即与纸箱厂联系，纸箱厂称这种规格的纸箱很少见，该厂不能提供。附近的几个纸箱厂也是如此答复。在此情况下，S 公司一面四处落实箱源，一面于 9 月 10 日去电 A 公司，表示包装条款不能接受，要求改为每箱装 10 打或 20 打⑤。

9 月 12 日，A 公司回电称："你公司收到信用证时未提出异议，且你方所拟合同中也已列明每箱 15 打装，现你方要求修改合同及信用证，我方难以同意。我公司一直采用这种包装，如若更换，势必会增加我方费用。假如你方愿意承担这些费用，我方可考虑修改信用证。"

S 公司知对方欲以此要挟我方降价，故不再要求修改，一心一意寻找箱源，终于在江苏省找到一家能生产这种规格的纸箱厂，遂避免了耽误船期但造成了费用增加的损失。

实训任务：

1. ①处是否为发盘？
2. ②处如何理解？这体现了什么原则？
3. ③处的行为意味着什么？
4. ④处的行为意味着什么？
5. ⑤处是否可以要求修改包装？为什么？

项目评价反思

完成表 2-1 和表 2-2。

表 2-1 项目完成效果评价量级表

评价类别	评价项目	评价等级			
		😀	🙂	☹️	🦉
自我评价	对本项目知识的兴趣				
	本项目知识点的掌握情况				
	理解同伴的思路并积极交流				
	本项目学习得到的收获				
小组互评	积极参与小组讨论				
	积极查阅资料、提供分析依据				
	积极参与小组分工协作				
教师评价	语言表达能力				
	案例分析能力				
	积极发言				
综合评价					

表 2-2 风险识别与评估能力自测表

序号	风险点	评价等级			
		😀	🙂	☹️	🦉
1	正确理解交易磋商的法律要素避免争议				
2	正确处理询盘以免错失商机				
3	正确理解发盘的必备要件避免争议（高频）				
4	正确理解发盘有效期的法律意义避免争议（高频）				
5	正确判断发盘的撤回和撤销				
6	正确理解接受的必备要件（高频）				
7	正确理解有条件接受的法律意义（高频）				
8	正确处理逾期接受避免纠纷				
9	在交易磋商中正确计算价格（高频）				
10	在交易磋商中正确调整价格（高频）				
综合评价					

项目三 合同标的物及检验纠纷

 项目导学单

项目三导学单		
学习目标	素质目标	• 遵纪守法、遵守国际惯例； • 熟知贸易对象国的商业习惯； • 实事求是、诚信交易，不夸大虚假宣传
	知识目标	• 掌握商品品质的表示方法； • 掌握商品数量的表示方法； • 熟悉商品包装的各种标志； • 掌握商检证书的作用
	能力目标	• 能灵活制定合同中的品名、品质条款； • 能灵活使用数量的溢短装条款； • 能合理约定合同中的包装条款； • 能合理约定合同中的检验条款
学习重难点		• 选用样品表示商品品质的注意事项； • 溢短装条款的灵活运用； • 运输标志的缮制； • 合同中如何约定检验条款
建议学时		2 课时
高频风险点提示		
• 选用样品表示商品品质产生争议； • 误解溢短装条款引发纠纷； • 数量表示方法规定不明确引发纠纷； • 包装材料处理不当引发纠纷； • 未按信用证规定提供相关证明引发损失； • 未约定检验条款引发纠纷		
致未来外贸业务员的第 3 封信		
合同标的物及检验是外贸流程中的关键一环，影响着合同能否达成及后续履约。在外贸实践中应根据每种产品的实际情况灵活选择合适的商品品质的表示方法和数量的表示方法。熟知贸易对象国的商业习惯，选择既适合商品特性又符合对方国家检验要求的包装材料。同时在进行商品品质的描述时，要做到实事求是，诚信交易，不夸大虚假宣传。		

项目导学单

基础知识全景图

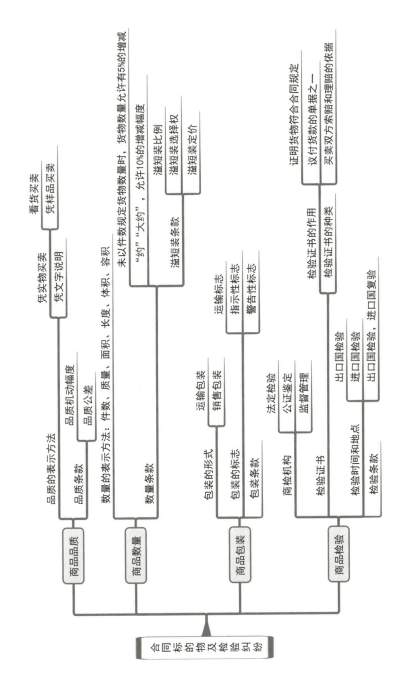

金桥业务漫漫谈之"交货"

青岛金桥进出口公司业务员 Linda 收到了德国伯翰贸易公司业务员发来的电函,声称金桥公司上个月发运的琥珀核桃仁品质存在问题,不能用于加工冰淇淋,要求赔偿损失。面对突如其来的赔偿要求,Linda 该如何应对呢?

导入案例
(动画)

 风险案例解读

案例1:谁为生锈的镰刀负责?

案情介绍:

2018年3月15日,我国北海益盛机械进出口有限公司(以下简称益盛公司)与越南胡志明市河良贸易公司(以下简称河良公司)签订了一笔出口合同,销售10 000个镰刀,根据买方提供的样品成交,贸易条件为FOB Beihai,5、6月装运。合同规定货到目的港后60天内买方有权行使复验权,如若发现问题可提出索赔。4月,益盛公司收到了买方提供的样品,样品上标有"红星"图案,产品的规格和品质与益盛公司通常销售的产品基本一致。益盛收到样品后就开始着手备货并按合同规定发货。在出口报关时,该批货物被我国海关扣留,理由是产品上使用的商标已由泰国知识产权人在我国完成注册,卖方面临着货物被海关罚没的危险。后经过生产厂家证明其有"先用权"才予以放行。货到目的港后越商对该批货物进行了复验,并未发现任何质量问题。但是,时隔半年后,越商来电称镰刀全部生锈,要求我方按成交价的30%赔偿其损失。益盛公司接电后立即查看当初买方提供的样品,也发现类似情况,认定责任在买方的样品上,于是便拒绝了买方的赔偿要求。

知识点视频

案例解析视频

问题引导:
1. 本案中的益盛公司是否应该赔偿?
2. 凭买方样品成交应该注意什么问题?

案例解析:

1. 本案中合同标的物的品质依据是买方样品,卖方益盛公司按照越商样品生产备货,在买方收到货物时以及之后的60天内的复验期,产品均没有出现问题。并且,半年后的生锈现象同样出现在买方提供的样品上,这说明商品品质的依据,也就是买方所提供的样品,本身存在品质缺陷,所以益盛公司不应该承担赔偿责任。

2. 本案是典型的凭样成交。在贸易实践中,凭样品成交主要适用于难以用文字表明商品品质或者在色、香、味方面有特殊的要求的商品交易,比如轻工产品、纺织品和土特产品等,根据提供样品的当事人分为凭卖方样品成交和凭买方样品成交。当选择凭买方样品成交时,需要特别注意样品品质的确定和是否侵犯知识产权问题(图3-1)。首先,在买方提供样品的情况下,卖方会比较被动,如果最终所交货物和样品不一致,则可能导致对方要求赔偿或者拒收货物。所以本案中益盛公司更谨慎的做法，应该是根据买方所提供的样品来提供对等样品，并交给买方确认，变被动为主动。这样日后交货的品质依据是卖方所提供的对等样品，可以在很大程度上避免品质纠纷。其次，当买方所提供的样品上有商标标志时，应该特别注意对方是否是合法的知识产权所有人，否则生产商和销售商都会面临处罚风险。本案中，所幸生产厂家能够证明其有"先用权"，才得以免除被罚没的风险。

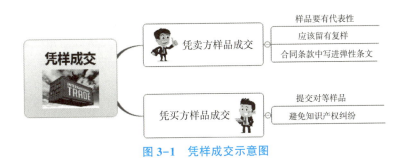

图 3-1　凭样成交示意图

案例 2：不能"溢"的溢短装条款

案情介绍：

2018 年 10 月 15 日，山东丰盛农产品进出口公司（以下简称丰盛公司）签订了一笔出口大米合同，合同规定使用信用证支付。进口商在规定开证日期内通过英国一家银行开来一张信用证，其中有关数量条款如下："AMOUNT USD 918 000……1 800 M/T，5% MORE OR LESS. WHITE RICE，USD 510 PER M/T CIF LIVERPOOL."

丰盛公司接到信用证后，于 10 月 25 日全部装运完毕，并备妥单据向议付行交单议付。议付行经审单后不同意议付，理由为议付金额超出信用证总金额。发票和汇票金额为 USD945 540，比信用证规定的 USD918 000 超出 USD27 540。丰盛公司认为信用证规定货量 1 800 公吨，并允许 5% 的增减，也就是说 1 800 公吨加 5%，最高可以装 1 890 公吨。我们实际只装 1 854 公吨，相当于增装 3%，在信用证允许范围内，总金额自然就是 USD945 540。

议付行仍不同意议付，因信用证虽然规定货量允许增减 5%，但信用证总金额并未允许增减。所以即使数量符合信用证规定，而议付的总金额超出信用证总金额限度也是绝对不允许的。议付行建议，既然货物已经装运，无法更改，只能凭担保议付（Documents negotiated against beneficiary's indemnity）。所谓凭担保议付，即农产品进出口公司出具担保文件，承担开证行或开证申请人提出拒付货款或拒收单据时所发生的一切后果及风险。在这种条件下，议付行向开证行寄单并在寄单面函中主动列明单证不符情况，由开证行决定是否接受单证不符的单据或付款。丰盛公司请有关人员研究，认为采取担保议付风险太大，其实质即放弃信用证的开证行保证付款的权力，等同于托收方式，但对方银行态度强硬也只能接受。

问题引导:

1. 如何理解本案所涉及的信用证数量条款?
2. 丰盛公司应吸取哪些教训?

案例解析:

1. 合同和信用证中的数量条款的基本内容是规定交货的数量和使用的计量单位,对于矿砂、化肥、粮食、食糖等大宗散装货物而言,由于受商品特性、货源变化、船舱容量、装载技术和包装等因素的影响,很难确保交货数量的精准,所以一般允许有上下浮动的空间,这就是我们常说的"溢短装条款"(图3-2)。本案中涉及的货物是 1 800 公吨大米,就是此类情况,信用证规定了允许溢短装 5%,单纯从数量角度来看,最多可以装 1 800+1 800×5%＝1 890(公吨),最少可以装 1 800−1 800×5%＝1 710(公吨),所涉及的最高和最低金额分别是 963 900 美元和 872 100 美元。但是本案例中的信用证只提到允许数量增减 5%,并没有同时允许金额可上下浮动,根据《跟单信用证统一惯例》(UCP600),"在信用证未以包装单位件数或货物自身件数的方式规定货物数量时,货物数量允许有 5%的增减幅度,只要总支取金额不超过信用证金额"。虽然信用证可以对浮动范围 5%进行不同的规定,但信用证总金额是银行保障付款的上限,也就是说必须同时规定信用证金额可同比例浮动,才能最大范围达到溢装的上限,否则溢短装条款就很难实现,特别是溢装部分。

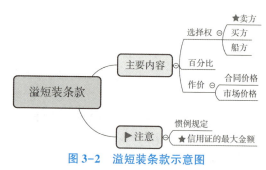

图 3−2　溢短装条款示意图

2. 丰盛公司最大的教训是没有透彻理解信用证的数量条款,认为既然数量可以有机动幅度,金额自然就可以有空间浮动。如果丰盛公司在收到信用证时能发现问题,就应该立即联系买方通过开证行进行修改。如果没有提出修改要求,那就只能接受并严格执行,否则就无法得到开证行的付款保证,就像本案的情况,最终无法实现信用证的银行信用。

案例 3:何谓 IPPC 标识?

案情介绍:

2015 年深圳 B 公司出口到美国一批套管,该批货物货值 50 624.8 美元,共 38 箱,用了 38 个加施了 IPPC 标识(图 3-3)的木质托盘包装。货物在包装过程中,为了防止纸箱变形,B 公司在纸箱内部两侧加进了一个已经过热处理的木框架对其进行加固。B 公司的物流主管认为已经对所用木框架进行了加热处理,并放在加施了 IPPC 标识的木质托盘之上,与

知识点视频

案例解析视频

木质托盘连在一起,木框架可以作为木质托盘的一部分,这样就可以共用木质托盘的 IPPC 标识,节省了木框架 IPPC 标识的加施费用。货物到达美国港口后,美国海关发现纸箱内的固定木框架未加施 IPPC 标识,遂对固定木框架采取熏蒸消毒措施后才放行。深圳 B 公司由于未对固定木框架进行 IPPC 标识而遭到罚款,同时还要承担木框架熏蒸消毒费用,共计损失 2 万余元。

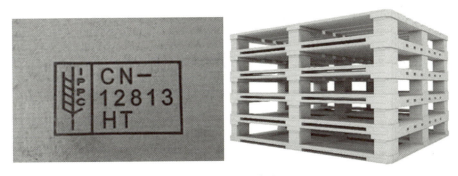

图 3-3　IPPC 标识

问题引导:

1. 什么是 IPPC 标识?
2. 在使用 IPPC 时需要注意什么问题?

案例解析:

1. IPPC 标识,即国际木质包装检疫措施标准(International Plant Protection Convention)。IPPC 标识用以识别符合 IPPC 标准的木质包装,表示该木质包装已经经过 IPPC 检疫标准处理。

2. 有些出口公司对木质包装 IPPC 标识原则不清楚,以为只要进行热处理就可以了,而 IPPC 标识只是一个形式,而且木质托盘包装已加施 IPPC 标识,检疫人员不会进行详细检查。而实际情况是,木质包装的熏蒸处理、热处理是由出入境检验检疫部门取得《出境货物木质包装除害处理标识加施资格证书》的企业进行的,处理合格后加施 IPPC 标识。木质包装 IPPC 加施的原则是标识覆盖面要全面。按照我国要求,不仅在木托、木箱等大件包装物上加施 IPPC 标识,而且对于独立的起固定、支撑作用的垫木、衬木都要加施 IPPC 标识。

案例 4:如何确定检验报告的效力?

案情介绍:

2018 年 5 月,天津优顺贸易公司与希腊一贸易公司签订协议出口橡胶轮胎,合同规定:"ANY CLAIM BY THE BUYER REGARDING THE GOOD SHALL BE FILED WITHIN 30 DAYS AFTER THE ARRIVAL OF THE GOODS AT THE PORT OF DESTINATION AND SUPPORTED BY A SURVEYOR APPROVED BY THE SELLER."买方收到货后认为卖方交货品质存在严重缺陷,便通告卖方拟聘请国际检验机构。优顺公司建议由中国商检机构检验,并表示同意全部退货。希腊买方未置可否,并于当年 9 月 26 日聘请劳

知识点视频

案例解析视频

合社在比雷埃夫斯港的检测机构进行检测。该机构于11月出具证书说明该批货物"100%不可议付"。而卖方却认为该项检测报告是无效的,不能作为认定货物品质的依据。因此,双方产生争议,卖方遂向中国国际经济贸易仲裁委员会提请仲裁。仲裁庭在查阅双方提供的资料并经开庭审理后,认为申请人单方面对货物进行检验,不符合双方合同的规定,其检测报告不能作为认定货物品质的合法依据(图3-4)。

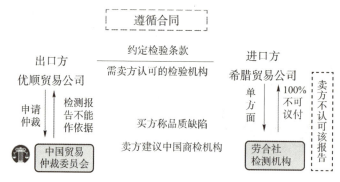

图 3-4　如何确定检验报告效力案示意图

问题引导:
1. 如何理解合同中的检验条款?
2. 为什么买方提供的检验报告不能作为认定货物品质的合法依据?

案例解析:

1. 合同中的检验条款规定:"品质异议须于货到目的口岸之日起30天内提出,但均须提供已经卖方同意的公证行的检验证明。"其中规定了检验并提出索赔的期限为"货到目的口岸之日起30天内",同时对检验机构提出要求,必须是卖方认可的。

2. 根据本案合同的规定,检验机构必须是经过卖方同意的,希腊买方委托劳合社设在希腊比雷埃夫斯港的检验机构,并未经过作为卖方的被申请人同意,因而不具有合约的依据。并且,当买方提出品质异议时,优顺公司曾建议由中国商检机构检验,而买方拒不按合同规定处理品质异议,却坚持擅自找检验机构检测,这是违反合同约定的。其次,劳合社检验机构对本案合同项下货物进行检测所作的结论是"100%不可议付",该结论的含义不明确,并不能表示货物的品质问题。基于上述原因,检验报告不能作为认定货物品质的合法依据。

案例 5:小小"证明"作用大

案情介绍:

中国青岛迪晟国际贸易公司向荷兰鹿特丹出口一批鱿鱼干,合同要求买方应不晚于2019年10月开来信用证,货物的最迟装运期为2019年11月底,信用证有效期至12月15日。9月21日,进口商通过荷兰银行开来信用证,信用证中要求卖方提供卫生证明,注明"货物无病毒,适于人类食用"。收到信用证后,迪晟公司组织货源安排订舱,11月10日完成装船并于次日备好各种单据向中国银行山东分行交单议付,议付行

知识点视频

案例解析视频

发现卖方提交的卫生证明中并没有"货物无病毒"字样，便认为是单证不符。中国银行两次联系开证行征求意见，但开证行始终不予答复。为了避免寄单后开证行拒付，11月28日中国银行建议迪晟公司按信用证要求更换卫生证明。最终于11月30日完成议付，延迟收汇20多天导致利息损失。

问题引导：
1. 什么情况下需要检验检疫证明？
2. 本案例有什么教训？

案例解析：
1. 进出口需要检验检疫证明的情况主要包括法定检验检疫和约定检验检疫。法定检验是指根据相关规定的要求，必须检验检疫的出入境货物、交通运输工具、人员及其他法定检验检疫物，需要依照规定的程序向海关检验检疫部分申请实施检验、检疫、鉴定等，没有通过检验检疫不允许进口或出口，对应海关监管证件代码为A或者B，需要海关签发入境通关单或出境通关单。约定检验是指买卖双方约定的，特别是进口方要求出口方提供的相关证明，有些证明需要海关检验检疫部门出具，有些证明由生产厂家出具（图3-5）。

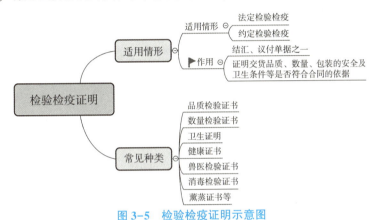

图3-5 检验检疫证明示意图

2. 本案例选择了信用证支付方式，在信用证付款条件下，必须严格遵循"单证一致"的原则，如单证表面上出现一字之差或有些微差异，就可能遭到开证行的拒付。特别是在各国对卫生检疫商品要求越来越严格的情况下，卖方提交的卫生检疫证明如果不符合来证要求和进口国家的有关规定，不但会遭到开证行拒付，还有可能不许进口。

案例6：谁为缺失的检验条款买单？

案情介绍：
中国星光公司与美国纽约公司，分别于2016年2月21日、2016年4月25日和2016年9月7日签订了3份货物买卖合同，约定由星光公司向纽约公司出售纺织品，3份合同的总价款为100万美元，付款方式为D/A90天。双方在合同中约定，因本合同引起的或与本合同有关的任何争议，均提请广州仲裁委员会仲裁，但没有约定检验条款。

合同签订后，星光公司依约全面履行了供货义务，但是纽约公司在承兑提货后仅支付了25万美元的货款，其余货款未付。星光公司根据仲裁

知识点视频

案例解析视频

条款向广州仲裁委员会提起仲裁，请求：(1) 裁决纽约公司支付货款 70 万美元；(2) 裁决纽约公司支付上述货款的利息 5 000 美元；(3) 裁决本案的仲裁费由纽约公司承担。

而纽约公司答辩称，星光公司提供的商品存在颜色不一致、款式不符、长度不一等质量问题，但是纽约公司并没有提供相应的证明。星光公司拒绝了纽约公司提出将货物打折或者将货物退回等解决办法，由此双方产生争议（图 3-6）。

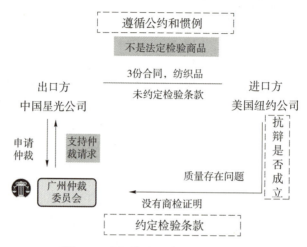

图 3-6　合同未约定检验条款案示意图

问题引导：
1. 纽约公司提出的货物质量的抗辩能否成立？
2. 你认为国际货物买卖合同中应如何约定检验条款？

案例解析：
1. 纽约公司提出的货物质量的抗辩不成立。

星光公司出口的纺织品不属于法定检验的商品种类，纽约公司提出的质量问题只能根据合同中的检验条款和检验标准来处理，但是本案中的三份货物买卖合同均没有约定检验条款。因此仲裁庭认为，应当依据公约和国际贸易惯例中的有关规定来判断。

公约第 39 条第一款规定："买方对货物不符合同，必须在发现或理应发现不符情形后一段合理时间内通知卖方，说明不符合同情形的性质，否则就丧失声称货物不符合同的权利。"

《华沙—牛津规则》第 19 条中对买方发现货物与合同约定不符的情形后通知卖方的合理时间进行了更为明确的规定："……如果买方没有被给予检验货物的合理机会和进行这种检验的合理时间，那么不应认为买方已经接受了这项货物。这种检验是在货物到达买卖合同规定的目的地进行，还是装船前进行，可由买方自行决定。在完成此项检验后 3 天内，买方应将其认为不符合买卖合同的事情通知卖方。如果提不出这种通知，买方便丧失其拒绝接受货物的权利。"

但是在本案中，纽约公司接受了星光公司提供的货物，不仅没有在检验后的 3 日内向作为卖方的星光公司发出检验不合格的通知，而且从始至终没有向仲裁庭提交任何可以证明星光公司提供的货物质量与合同约定不符的检验证书。可见，纽约公司声称的质量问题没有经过相关检验机构检验。因此,仲裁庭认为,纽约公司的质量抗辩不能成立,对星光公司要求支付货款和利息的请求全部予以支持。

2. 在国际贸易合同中,商品检验的条款十分重要,它关系到出口商品能否顺利地交货履约,进口商品能否符合质量要求,以及发生问题时能否对外索赔等方面。因此,双方当事人在合同中应当尽量约定商品检验条款。

(1) 在合同签订阶段,双方在合同中明确约定检验标准、检验机构、检验地点,最好还能在合同中明确约定检验期限和质量异议期。

(2) 在合同中约定权威的质量检验机构。约定权威的质量检验机构,可以在一定程度上规避检验机构的道德风险,但是在此之前,当事人最好对合同约定的检验机构以及检验标准有所了解,因为不同机构对同一产品的检验可能会得出完全不同的检验结果。

(3) 检验条款的订立要注意科学性、准确性和严密性。要尽量写得详细、明确,便于执行,比如外文商品的名称要准确;一切空洞的词语应当避免使用,例如"上等材料""一流工艺""优质产品""品质正常""无致命物质"等模糊性词语均不宜使用,因为无法据以确定货物是否符合合同的约定。对于有些复杂的产品(如成套设备),鉴于技术规格复杂,内容繁多,在合同中难以评述的,可以列入附件,并注明是合同的组成部分。

惯例摘录

United Nations Convention on Contracts for the International Sale of Goods (1980)

Article 39

The buyer loses the right to rely on a lack of conformity of the goods if he does not give notice to the seller specifying the nature of the lack of conformity within a reasonable time after he has discovered it or ought to have discovered it.

Warsaw-Oxford Rules 1932

Rule 19

The buyer shall, within three days from the completion of such inspection, even though this has been a joint inspection, give notice to the seller of any matter or thing by reason the whereof he may allege that the goods are not in accordance with the contract of sale. If the buyer shall fail to give such notice, he may no longer exercise his right of rejection of the goods.

实事求是　诚信交易

合同的标的物是影响合同能否达成的重要一环。买方决定是否进口的首要考虑往往是商品的品质,因此卖方要根据商品的特性选择合适的商品品质的表示方法,并且做到实事求是,不夸大宣传。在合同签订时,要合理约定商品的数量条款,灵活使用溢短装条款;同时选择合适的包装材料,并符合进口国的要求。此外,在合同签订阶段,双方在合同中还要明确约定检验标准、权威的检验机构、检验地点,最好还能在合同中明确约定检验期限和质量异议期。

 **能力拓展实训**

班级	学号	姓名	成绩

基础实训 1：真假"高州龙眼"

案情介绍：

中国广东福兴农产品进出口公司（以下简称福兴公司）与日本森永贸易公司（以下简称森永公司）签订高州龙眼的出口合同。合同中规定：10 公吨高州龙眼，CIF 横滨，信用证结算，交货期 2019 年 11、12 月。福兴公司按合同规定备货装运，一切进展顺利，待森永公司收到货后提出异议，称这些龙眼不是高州当地产的。

我国广东省高州盛产龙眼，果型大、色泽好、核小肉厚、肉质爽脆，已形成了一种优质品种，称为"高州龙眼"，2019 年高州龙眼入选"中国农产品百强标志性品牌"。福兴公司认为只要是等同于高州龙眼品质的龙眼都可以称为"高州龙眼"，便跟森永公司进行沟通，表示合同仅规定"高州龙眼"，所以只要符合高州龙眼的品质即可；而森永公司则坚持其产地必须是高州当地，该产地的龙眼才能符合合同要求。双方各执己见，最终福兴公司为了维护双方长久的合作关系，对森永公司进行了赔偿。

实训任务：

1. 合同中有几种规定商品品质的方法？本案例属于哪种？
2. 本案例我们应该吸取什么教训？

_____
_____
_____
_____
_____

 笔记区

基础实训 2：变色的"唛头"

案情介绍：

南京鑫海进出口有限公司（以下简称鑫海公司）2019 年 5 月出口一批儿童短袖 T 恤服装到土耳其，数量共 30 000 件，包括 5 种款式，每种款式有黄、粉、蓝、白 4 种颜色，每种颜色有 90、100、110、120、130 共 5 个尺码。客户要求唛头显示如下内容：PO NO.（订单号）、STYLE NO.（款号）、QUANTITY（数量）、CARTON NO.（外箱流水号），以蓝色印刷。

在定做外箱时鑫海公司业务员根据不同的款号定了 5 种，将 PO NO.（订单号）、STYLE NO.（款号）、QUANTITY（数量）及其具体内容直接印刷在了外箱上，CARTON NO. 字样也直接印刷到了外箱上（但是没有印刷具体箱号），但是没有跟纸箱厂强调蓝色印刷。外箱入库后鑫海公司拍照给土耳其客户确认，客户发现外箱上的唛头是以常规黑色印刷，而不是客户要的蓝色，客户表示到土耳其蓝色是非常重要的。纸箱厂称由于鑫海公司定做外箱时并没有特意要求印刷颜色，纸箱厂就按照常规颜色印刷，这并不存在过错。于是，鑫海公司只能自己承担费用重新按照土耳其客户要求印刷纸箱。待土耳其客户收到货后，发现外箱上的 CARTON NO. 只有简单字样，没有实际流水，也没有贴色标，根据外箱无法有效区分每个款号下面的具体产品颜色，需要拆箱查看标注。考虑到初次合作，土耳其客户自行承担了相应费用，并一再强调下次将会要求赔偿。

实训任务：

1. 什么是唛头？有什么作用？
2. 本案中的鑫海公司有什么失误、应吸取什么教训？

_____

_____

_____

_____

笔记区

基础实训3：向谁索赔？

案情介绍：

中国东华公司与英国斯康公司签订了一份进口1 000箱食品的FOB合同。在合同规定的装运期，英国斯康公司将货物交给承运人，并取得清洁已装船海运提单。中国东华公司接到英国斯康公司的装运通知后，投保了海上货物运输保险的一切险和战争险。后期英国斯康公司凭已装船清洁提单及其他有关单据向银行收妥货款。但货到目的港后，中国东华公司经复验发现以下情况：

（1）200箱货物内大肠杆菌的含量超过我国标准。

（2）实收货物998箱，短少2箱。

（3）有15箱货物外表情况良好，但是箱内货物短少60千克。

实训任务：

对于以上三种情况，进口商中国东华公司应向谁索赔？请说明理由。

___

___

___

___

笔记区

能力进阶1：毛重还是净重计价？

案情介绍：

黑龙江新农贸易进出口公司（以下简称新农公司）与俄罗斯进口商按每公吨500美元的FOB价格于大连成交某农产品100公吨。合同规定包装条件为每100千克双线新麻袋装，共1 000袋，信用证付款方式。新农公司凭证装运出口并办妥了结汇手续。事后俄方来电，称：新农公司所交货物扣除皮重后实际到货不足100公吨，要求按净重计算价格，退回因短量多收的货款。新农公司则以合同未规定按净重计价为由拒绝退款，双方产生纠纷。

实训任务：

1. 俄方要求是否合理？新农公司是否应该退回因短量多收的货款？
2. 本案例中新农公司应吸取什么教训？

 笔记区

能力进阶 2：检验的时间、地点重要吗？

案情介绍：

中国新光公司与新加坡耀威公司是多年的贸易伙伴，2018 年双方以 CIF 新加坡的条件达成一笔交易，由中国新光公司向其出口一批土产品。该笔贸易合同订立时，新加坡耀威公司告知中国新光公司该货物要转销美国。

按照合同规定的装运期，中国新光公司及时装运货物，该货物到达新加坡后，立即转运美国。其后新加坡耀威公司因货物品质问题向中国新光公司提出索赔请求，中国新光公司表示本次装运货物与之前双方往来贸易的货物品质并无差异。而新加坡耀威公司提供了美国商检机构签发的在美国检验的证明书，证明部分产品存在品质问题，仍坚持向中国新光公司提出索赔。

实训任务：

1. 美国商检机构签发的检验证书是否适用于本案例中的买卖合同？
2. 中国新光公司是否应该就品质问题进行赔偿？

笔记区

项目评价反思

完成表 3-1 和表 3-2。

表 3-1 项目完成效果评价量级表

评价类别	评价项目	评价等级			
		😄	🙂	☹️	😖
自我评价	对本项目知识的兴趣				
	本项目知识点的掌握情况				
	理解同伴的思路并积极交流				
	本项目学习得到的收获				
小组互评	积极参与小组讨论				
	积极查阅资料、提供分析依据				
	积极参与小组分工协作				
教师评价	语言表达能力				
	案例分析能力				
	积极发言				
综合评价					

表 3-2 风险识别与评估能力自测表

序号	风险点	评价等级			
		😄	🙂	☹️	😖
1	凭样品成交，交货品质不符风险（高频）				
2	凭样品成交，引发知识产权纠纷风险（高频）				
3	品质表示方法选取不当导致风险				
4	灵活运用品质机动幅度（高频）				
5	计量单位选取不当风险				
6	计算重量的方法选取不当风险（高频）				
7	误解国际贸易惯例对数量的约定导致风险（高频）				
8	误解溢短装条款导致风险（高频）				
9	唛头处理不当导致风险				
10	不了解进口国对于包装的规定导致风险（高频）				
11	灵活运用中性包装与定牌				
12	检验证书导致单证不符风险				
13	检验的时间和地点选取不合适导致风险（高频）				
14	检验机构选择不当风险				
15	合同中的检验条款未约定导致风险（高频）				
综合评价					

项目四　国际货物运输纠纷

项目导学单

项目四导学单		
学习目标	素质目标	• 培养学生精益求精的职业素养； • 培养学生诚实守信的职业道德； • 培养学生爱岗敬业的职业精神； • 培养学生依法经营的职业准则
	知识目标	• 熟悉主要的运输方式和主要的运输单据； • 掌握 UCP600 对分批装运的主要规定； • 掌握合同中运输条款的缮制方法
	能力目标	• 能正确区分并灵活选择班轮运输与租船运输； • 能灵活选择海运提单、海运单及其他运输单据； • 能有效规避无单放货风险； • 能有效利用分批装运条款； • 能够合理选择和利用集装箱运输方式
学习重难点		• 班轮运输的特点及班轮运费的计算； • 无单放货的种类及规避； • UCP600 对分批装运的主要规定； • 海运提单的性质及缮制方法
建议学时		6 课时
高频风险点提示		
• 倒签提单、顺签提单、预借提单背后的风险 • 如何规避无单放货风险 • 对是否属于分批装运理解有误导致风险 • 记名提单隐藏的风险		
致未来外贸业务员的第 4 封信		
国际货物运输是外贸流程中的关键一环，事关外贸业务的风险和收益。在外贸实践中应根据每笔贸易实际情况灵活选择合适的运输方式。随着"一带一路"倡议的推进，中欧班列以其独特优势（经济安全、运输量大、时间减少、政策支持）越来越被认可。特别是疫情期间，中欧班列以其独特优势，彰显了中国力量，体现了中国担当。		

项目导学单

基础知识全景图

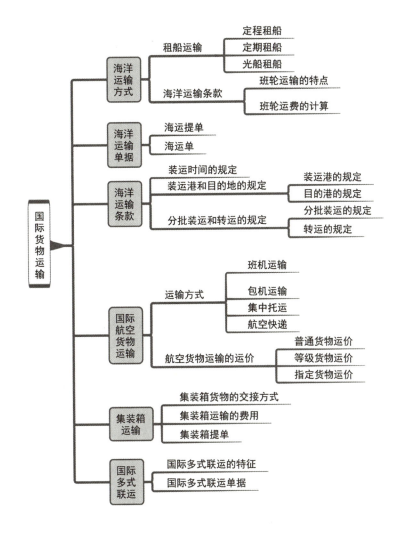

金桥业务漫漫谈之"提单"

案例简介：

青岛金桥进出口公司业务员 Linda 与新加坡 KJ 进口贸易公司签订了一份 1 000 公吨盘锦大米的买卖合同，使用班轮运输方式。信用证中规定："1/3 正本提单装船后直接寄送进口商。"没想到的是，这一规定竟然导致青岛金桥进出口公司陷入了钱货两空的危险境地。那么，这个规定到底隐藏着哪些风险？我们又该如何规避呢？

导入案例
（动画）

 风险案例解读

案例1：装运中分错批次的后果谁承担？

案情介绍：

大连向阳出口贸易公司向日本 KJ 进口贸易公司出口 12 000 公吨大米，采用不可撤销即期付款信用证付款。信用证中的装运条款规定："SHIPMENT FROM DALIAN PORT TO HAMBURG DURING JUNE/SEPTEMBER IN FOUR EQUAL MONTHLY LOTS."另外，合同表示，买卖双方受公约以及国际商会《UCP600》的约束。

知识点视频

案例解析视频

大连向阳出口贸易公司正常安排了6、7月运输，并顺利结汇。第三批 3 000 公吨大米原定于 8 月 19 日装运出口，但是由于台风登陆，该批货物推迟至 9 月 2 日才在大连港由"东风号"轮装船运出，然后该船驶往青岛港，9 月 3 日在青岛港又装了 3 000 T，完成了全部货物运输。但是向阳公司在信用证有效期内到银行交单议付时却遭银行第一次拒付，理由是向阳公司违反了装运条款规定。向阳公司认为台风属于不可抗力事件，以不可抗力为由要求银行付款，遭到银行再次拒付。而在此时，德国 KJ 进口贸易公司因资金紧张，遂以大连向阳出口贸易公司延迟交货，银行宣布后两批货物信用证失效为由拒付后两批货款（图4-1）。

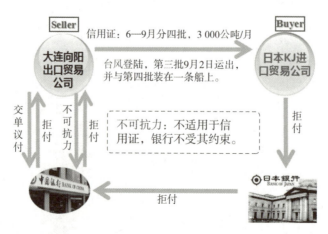

图4-1　银行两次拒付示意图

问题引导：
1. 请问大连向阳出口贸易公司第四批货物是否为分批装运？
2. 银行第一次为什么拒付货款？
3. 银行第二次拒付的原因是什么？

案例解析：

1. 《UCP600》第 40 条规定：运输单据表面注明货物系使用同一运输工具并经同一路线运输的，即使每套运输单据注明的装运日期不同及/或装货港、接受监管地、发运地不同，只要运输单据注明的目的地相同，也不视为分批装运。

本案例中，大连向阳出口贸易公司运输的第四批大米与第三批是由同一船同一航次运输，按照《UCP600》第 31 条的规定，不属于分批装运。

2. 《UCP600》第 32 条规定：如信用证规定在指定的日期内分期支付及/或分期装运，而任何一期未按期支款及/或按期装运，除非信用证另有规定，信用证对该期及以后各期均告失效。

本案例中，第三批货物未在 8 月装运，因而导致第三批及第四批交货的信用证均告失效。因此，银行有权拒付第三批和第四批的货款。

3. 根据公约的有关规定，合同一方当事人因不可抗力而不能履行合同或不能按合同条件履行合同，该当事人可免除违约的责任。但是，这些规定不能适用于信用证交易。因为，信用证一经开立，即成为合同之外的独立文件，银行不受合同约束。根据《UCP600》的规定，银行不承认受益人因不可抗力而有改变信用证条款的权力。因此，本例的受益人引用不可抗力而要求银行付款，银行是不受其约束的。

案例 2：FOB 条件下托运人如何填？

案情介绍：

2019 年 3 月，沈阳昌盛出口贸易公司（以下简称出口商 A）与德国 LM 进口贸易公司（以下简称进口商 LM）订立了一份出口 4 000 公吨大米的合同，贸易条件为 FOB Dalian，信用证付款。4 月 5 日，出口商 A 收到信用证。信用证中要求海运提单的"托运人"一栏内填写进口商 LM 的公司名称。4 月 15 日，出口商 A 将该批货物交付某船公司的 C 轮承运。货物装船后，外代公司根据船公司的授权向出口商 A 签发了已装船清洁提单，并在提单托运人栏内填写了进口商 LM 的公司名称，收货人栏填写"TO ORDER"。出口商 A 取得提单后，在该提单上背书向银行办理结汇。但银行以提单的第一背书人与托运人栏内的记载（进口商）不符为由拒绝接受该提单，不予结汇。因此，出口商 A 无法获得货款。

在此之后，出口商 A 又得知：载货船舶抵达目的港后，迟迟不见提单持有人前往码头提货。当地港务局又不允许该批货物进入码头仓库。于是船公司根据提单托运人（进口商 LM）的指示，将该批货物在无正本提单的情况下，直接交给了收货人。后来，出口商 A 多次向进口商 LM 要求直接支付货款，终无结果。无奈，出口商 A 持正本提单向船公司和外代公司以无单放货为由，要求它们承担损害赔偿责任，其托运人为进口商

知识点视频

案例解析视频

LM，而非出口商 A；同时，该提单未经托运人背书，出口商 A 不能证明其具有提单合法当事人的地位，因此出口商 A 与船公司和外代公司不存在权利、义务关系，所以，出口商 A 不能向船公司和外代公司主张权利（图 4-2）。

问题引导：

1. 本案例中银行拒绝接受该单据，不予结汇的做法是否可行？为什么？

2. 应如何处理信用证方式下进口商提出"提单托运人栏内应填写进口商名称"的要求？

3. 进口商 LM、船公司及外代公司是否应对此承担责任？

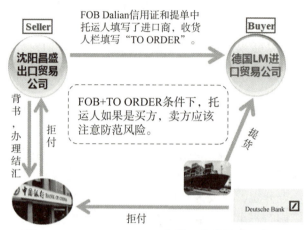

图 4-2 FOB+TO ORDER 条件下卖方风险示意图

案例解析：

1. 本案例中银行拒绝接受该单据，不予结汇的做法可行，依据《UCP600》的规定，银行只负有在表面上审核单据的义务。本案中海运提单上的第一背书人（本案中为出口商 A）的名称，并不是提单正面托运人栏内填写的名称（本案中为进口商 LM），因而银行以单据本身有不符为由拒绝接受该提单是合理的。

2. 出口商可选择以下三种方式之一加以适当处理：

第一，通常情况下，出口商不能接受载有上述条款的信用证，应要求修改信用证，将其删除。

第二，有时进口商为中间商，不愿意让真正的收货人或买主知道出口商或卖方是谁，以确保进口商（中间商）的利益，而提出上述要求。作为出口商也可以理解而接受这种要求，但应以可转让信用证或对背信用证加以规避。

第三，如果出口商基于特殊原因，接受了在提单"托运人"栏内填写"进口商"名称的要求，而又不采用可转让或对背信用证时，则应要求进口商做出以下承诺：一旦出口商从提单处取得提单后，进口商有义务立即前来在该提单上做出第一手背书，并在背书后立即将该提单交给出口商。这样，该提单的第一背书人（进口商）与提单正面载明的"托运人"（进口商）就相符了，且与信用证规定相符。出口商作为信用证的受益人，仍然有权将该提单等其他货运单据提交银行结汇，银行将接受该提单。同时，出口商在办理交货前应取得进口商的委托授权书，以便使承运人明确进口商是托运人而出口商是其受托人。

在本案中，出口商 A 没有采取上述方式办理，最终导致提单被银行拒收，使提单无法进入正常的程序；同时，也无法获得应收的货款。这是出口商 A 的重大失误，是深刻的教训。

3. 由于该提单未经有效的背书，导致其没有进入正常转让程序，出口商 A 依然为合法的提单持有人。因此，承运人将该批货物交给"收货人"，而该"收货人"并没有付出对价而合法取得提单成为其真正的提单持有人，在法律上完全是一种不当得利行为，因而该"收货人"无权提货，更没有权利取得该批货物的所有权。为此，"收货人"有义务向出口商 A 赔偿损失或支付货款。

承运人和外代公司同样应向出口商 A 承担赔偿责任。尽管进口商 LM 是提单上的"托运人"，但它必须在交付货款后才能合法获得转让的提单而成为提单的持有人。但是进口商 LM 没有支付货款，所以它也不是该提单的合法拥有者，因而它对承运人准许无单放货的授权"指示"无效。因此，本案中的承运人在没有合法的提单持有人提货的情况下，未凭正本提单放货，在提货对象的选择上发生错误，违反了承运人应尽的基本义务，理应赔偿由此而给出口商 A 造成的损失。

从《中华人民共和国海商法》（以下简称《海商法》）和《汉堡规则》的角度看，由于提单已经有效地签发，那么承运人和外代公司对货物的责任也已经开始。只不过是因为提单没有进入正常的转让程序，因而出口商 A 一直是该批货物的合法所有人和提单的合法持有人。承运人和外代公司同出口商 A 对该提单及其项下的货物的权利和义务关系也没有发生变化。因此，船公司与外代公司认为他们与出口商 A 不存在权利和义务关系的观点不能成立，即出口商 A 有权要求承运人和外代公司共同赔偿其损失。

案例 3：记名提单隐藏的风险

案情介绍：

2018 年，广州丰硕出口贸易公司（以下简称为 H）与多米尼加共和国 FL 公司（以下简称为 F）签订了一份进出口合同，约定由 H 向 F 公司出口一批摩托车零部件。2018 年 4 月 13 日通过以色列以星轮船有限公司（以下简称为 D）在香港的代理人，H 与 D 签订了海上货物运输合同。该合同约定，由 D 将 H 这批出口货物用集装箱从中国香港运往多米尼加共和国圣多明各港口。D 向 H 签发了一式三份全套正本提单且是记名提单，记名的收货人是这批摩托车零部件进口方 F。货物运抵目的港后，在 H 仍持有全套三份正本提单的情况下，货物被提走，使 H 失去对这批货物的控制权，最终导致 H 无法收回这批货款。

知识点视频

案例解析视频

H 在未能收回这批货款又持有全套正本提单的情况下，以无正本提单放货侵权为由，于 2019 年 1 月 2 日向广州海事法院提起诉讼，请求法院判令被告 D 赔偿其货款人民币 123 万元及其利息损失。由于位于加勒比海海地岛东部的多米尼加共和国对进口货物的交付问题有其特殊的法律规定，规定要求在该国境内港口的进口货物由港务局直接交付，海运承运人无权也不负责货物的交付，多米尼加共和国港务局及海关有权在收货人未提交正本提单的情况下交付货物。D 称，已将本案所涉货物交给了多米尼加共和国圣多明各港口。广州海事法院经审理后认为，D 按照目的港所在国有关法规向港务局交货，不仅主观上没有过错，而且是履行交货义务的必要步骤，故该起诉讼缺乏法律依据，法院不予以支持。据此，广州海事法院判决驳回 H 的诉讼请求（图 4-3）。

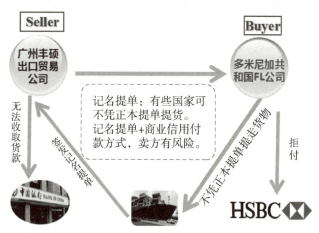

图 4-3　记名提单风险示意图

问题引导：

1. 什么是记名提单？
2. 广州丰硕出口贸易公司主要存在哪些失误？

案例解析：

1. 海运提单按提单收货人抬头的不同或是否可转让分为记名提单、不记名提单和指示提单。所谓"记名提单"，（Straight B/L），是指提单上的收货人（Consignee）栏内具体填明了特定收货人的名称；只能由该收货人提货，不能背书转让的提单，又称"不可转让提单"。按照有些国家的惯例，收货人可以不凭正本提单提货而只需证明自己的收货人身份即可。

2. 在本案中，我方公司 H 存在以下两个方面的失误：

第一，不了解贸易对方国有关法律的特殊规定。按照国际惯例和我国的《海商法》，提单是承运人据以交付货物的单证，代表着提单项下货物的物权，谁合法持有提单，谁就有权向承运人提取货物，承运人应在交货地点向正本提单的持单人凭单交货。通常情况下，提单持有人凭全套正本提单中的其中一份提单即可向承运人提取货物，承运人也必须在见单并确认无误后才能放货。但是，仍然有不少国家没有加入海牙规则等国际公约。在通过海运出口运往这些国家的货物时，要受到进口国法律（大部分是根据海牙规则制定的国内法，如美国，也有的是根据本国情况制定有特别规定的国内法，如本案中的多米尼加共和国）所管辖。我们通常说要按国际惯例办事，这是符合一般准则的，但对一些特殊情况应区别对待，必须了解所属贸易国的有关法律，特别是与国际惯例有别的相关规定，才能避免本案中 H 所遭受的损失。

第二，要求签发记名提单。签发记名提单对卖方收汇隐藏着风险。记名提单通常不具有转让功能，货物的收货人只能是提单所记名的收货人。对于记名提单，有的国家法律规定收货人可以无提单提货。例如，根据美国法律，采用记名提单或不可转让提单交付货物时，不必要求收货人提供提单，只须证明自己是提单上载明的收货人即可。本案中的 H 若要求 D 签发指示提单，在提单的收货人一栏内填写凭托运人指示或凭某银行或第三人指示字样，即使当船公司 D 按照多米尼加共和国的法律规定将货物交付港务局后，卖方未收到买方的货款并发出有关指示前，多米尼加共和国港务局在不清楚真正收货人是谁的情况下也不会随意放货。

案例 4：倒签提单惹的祸

案情介绍：

知识点视频

案例解析视频

2018 年 1 月，成都运达进出口贸易公司与新加坡 BM 贸易公司签订了一份出口 150 公吨冷冻食品的合同。合同中规定：THE SHIPMENT PERIOD IS FROM MARCH TO JULY, 2018, WITH AN AVERAGE OF 30 TONS PER MONTH, AND PAYMENT SHALL BE MADE BY AN IRREVOCABLE L/C AT SIGHT. 2018 年 2 月 15 日，成都运达进出口贸易公司收到信用证，信用证规定装运前由成都出入境检验检疫局出具商检证书作为议付单据之一。成都运达进出口贸易公司 3 至 5 月正常交货，顺利结汇。但到 6 月，由于船期延误，推迟到 7 月 6 日装运出口，海运提单的签发日期则写为 2018 年 6 月 30 日，而送银行的商检证书在船边的测温日期为 7 月 6 日。7 月 10 日，又由同船运出 30 公吨，成都运达进出口贸易公司所交商检证书上在船边的测温日期为 7 月 10 日。开证行收到单证后来电表示拒付这两笔货款（图 4-4）。

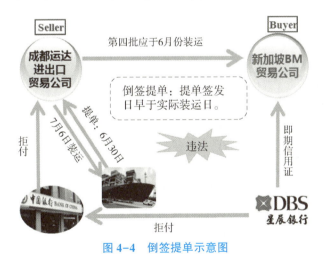

图 4-4　倒签提单示意图

问题引导：

1. 我方的失误在哪里？
2. 开证行拒付的依据是什么？

案例解析：

1. 我方的失误是：

（1）倒签提单日期：将本已延迟到 7 月 6 日才装运的货物倒签到 6 月 30 日，这是伪造单据的违法行为。进口方一旦有证据证明提单的装船日期是伪造的，就有权利拒绝接受单据和拒收货物，并有权要求卖方退回买方已支付的货款。倒签提单属于托运人和船公司合谋以欺骗收货人的欺诈行为。进口方不仅可以追究卖方的责任，而且可以追究船公司的责任。

（2）把信用证中规定分月装运的货物装在同一条船上，就无疑也是告诉对方倒签的 6 月 30 日的提单是伪造的，而且这本身违反了信用证和合同中有关装运方面的规定，是不该犯的明显错误。

2. 开证行拒付的依据是：对前一批货物，由于商检证书上船边测温日期与提单的日期不符，开证行可以单证不符、单单不符为根据拒付。对后一批货物（7 月 10 日发运的货物），虽单证相符，但开证行可以前批（6 月）的应装货物未按时装运为由，依据《UCP 600》的有关规定，即在信用证指定的时期内任何一批未按时装运，则信用证的该批及以后均告失效，判决 7 月 10 日所装货物信用证失效，因此，开证行对该批货物有权拒付货款。

案例 5：勿忽视提单缮制的细节要求

案情介绍：

广西祥泰纺织品有限公司（以下简称 Q 公司）从香港 MA 公司（以下简称 MA 公司）进口一套德国设备，使用的贸易术语为 CFR 广西梧州，装运港是德国汉堡，装运期为开出信用证后 90 天内，提单通知人是卸货港的外运公司。合同签订后，Q 公司于 2016 年 7 月 25 日开出信用证，10 月 18 日 MA 公司发来装船通知，11 月上旬 MA 公司将全套议付单据寄交开证行，Q 公司业务员经审核未发现不符点并支付了货款。Q 公司业务员认为船舶从德国汉堡到中国广西梧州包括在香港转船的正常时间应该是 45~50 天。所以从 12 月上旬就开始查询货物，但屡次查询梧州外运公司都无货物消息。Q 公司怀疑 MA 公司倒签提单，随即电询 MA 公司，但 MA 公司答复确实如期装船。12 月下旬，Q 公司仍未见货物，再次电告 MA 公司要求联系其德国发货方协助查询货物下落。MA 公司回电说德国正处于圣诞节假期，德方无人上班，无法联络。Q 公司无奈只好继续等待。2017 年 1 月上旬，圣诞假期结束，MA 公司来电称货物早已在 2016 年 12 月初抵达广州黄埔港，请速派人前往黄埔办理报关提货手续。此时，货物在海关滞报已经 40 多天，待 Q 公司办好所有报关提货手续时已经是 2017 年 1 月底，发生的滞期费、仓储费、海关滞报金、差旅费及其他相关费用达十几万元（图 4-5）。

知识点视频

案例解析视频

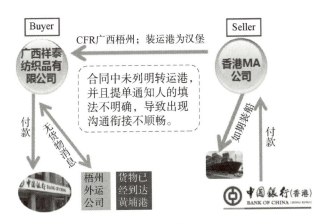

图 4-5 案例解析示意图

问题引导：

1. 造成 Q 公司损失十几万元的原因是什么？
2. 请提出相应的解决方案。

案例解析：

1. 造成 Q 公司损失十几万元的原因主要有：

第一，合同未列明转运港。Q 公司按经验想当然以为转运港一定是中国香港，并指定卸货港为梧州这一内陆口岸。可德国发货方并不知道香港—梧州有船来往，所以他们安排了汉堡—香港—广州—梧州的运输路线。而上述路线是合理的。

第二，原合同中提单通知人为卸货港的外运公司的规定较为笼统。货物抵达黄埔后，黄埔外运公司不知货主是谁，无法和货主联系；而 Q 公司认为合同目的港是梧州，因此它们只和梧州外运公司联系，根本没想到黄埔外运公司，所以就没和黄埔外运公司联系，致使提单上的通知人和收货人脱节。

2. 今后对由卖方安排运输支付运费的进口合同，如果目的港是内河或内陆口岸，或装运港与目的港间无直达航线而需要周转的，可以采取如下措施：

第一，可允许转船，但要明确规定转船的地点。转船地点的选择要考虑经济和便捷的原则，最好在中国内地关区以外（如中国香港、新加坡等），以避免在异地办理报关或转关手续。

第二，合同和信用证最好要求在提单"通知人"栏打上收货人或外贸代理公司的名字、联系人姓名、电话号码等，以方便联系。

第三，如果有可能的话，进口合同尽可能采用 FOB 贸易术语，由买方自行寻找船公司安排运输。

案例 6：每批之中再分批遭拒付（英文）

Case Description：

In 2018, Shenzhen Tongda Trading Company (hereinafter referred to as Tongda company) exported 1 000 metric tons of corn to German MK trading

知识点视频

company (hereinafter referred to as MK). On June 15, 2018, Tongda company received the letter of credit from MK, which stipulated: "1 000 metric tons of corn are allowed to be shipped in two lots, 600 metric tons of which will be transported to Hamburg Port no later than July 31, 2018, and the remaining 400 metric tons will be transported to Bremen Port before August 31, 2018." After checking the L/C, Tongda company placed the booking. Due to the shortage of shipping space for Hamburg Port, 600 metric tons of corn needed to be arranged in two lots. The foreign trade salesman of Tongda company thought that since the L/C showed that partial shipment is allowed, so the first batch of 600 metric tons of corn can also be shipped in partial shipment, so she shipped 400 metric tons of corn by the ship of "empress" on July 1, and shipped 200 metric tons of corn by the ship of "sailing" to Hamburg Port On July 4, and the corresponding bills of lading were obtained respectively. After that, other documents required by the letter of credit were prepared to go through negotiation with the bank. However, the bank thought that Tongda company violated the terms of the letter of credit on partial shipment and refused to pay. Finaly Tongda company reduced the price (图4-6).

Question:

1. What is partial shipment? What are the regulations on partial shipment in UCP600?
2. What are the mistakes of Tongda company? Why?

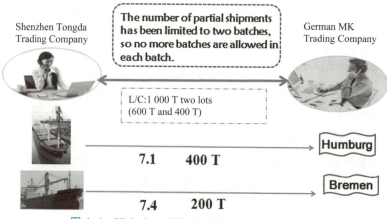

图4-6　**Violation of Partial Shipment Regulations**

Answer:

1. (1) Partial shipment refers to that the goods under a contract are shipped in batches or installments.

(2) ①Partial drawings or shipments are allowed.

②A presentation consisting of more than one set of transport documents evidencing shipment commencing on the same means of conveyance and for the same journey, provided they indicate the same destination, will not be regarded as covering a partial shipment, even if they indicate different dates of shipment or different ports of loading, places of taking in charge or dispatch. If the presentation consists of more than one set of transport documents, the latest date of shipment as evidenced on any of the sets of transport documents will be regarded as the date of shipment.

A presentation consisting of one or more sets of transport documents evidencing shipment on more than one means of conveyance within the same mode of transport will be regarded as covering a partial shipment, even if the means of conveyance leave on the same day for the same destination.

③A presentation consisting of more than one courier receipt, post receipt or certificate of posting will not be regarded as a partial shipment if the courier receipts, post receipts or certificates of posting appear to have been stamped or signed by the same courier or postal service at the same place and date and for the same destination.

2. Tongda company shipped the first batch of 600 metric tons of corn in two lots. Tongda company is wrong because the Letter of Credit stipulates that "1 000 metric tons of corn shall be shipped in two lots." The number of partial shipments has been limited to two batches, 600 metric tons of corn to Hamburg and 400 metric tons of corn to Bremen. No more batches are allowed in each batch. If the Letter of Credit stipulates that "1 000 metric tons of corn shall be shipped in two batches, the schedule is as follows: 600 metric tons of corn shall be delivered to Hamburg Port no later than July 31, 2018; 400 metric tons of corn shall be delivered to Bremen Port no later than August 31, 2018. Partial shipment is allowed." In this way, Tongda company can consider further batches in each batch.

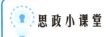

依法开展贸易　善用法律武器

对外经贸活动涉及广泛、复杂的法律，而这些法律是促进我国对外贸易持续健康发展的重要保障。外贸活动中的每一种贸易方式、每一个交易环节、每一个合同条款，都是一种法律关系的体现，涉及不同的权利与义务。例如，在国际货物运输中，倒签提单和预借提单都隐瞒了货物的实际装船日期，违反了民法上的诚实信用原则，行为人应承担由此引起的民事责任。外贸业务员应该重视对国际经贸法律的学习，不断增强法律意识，严格依照国际和国内法律经营，认真遵守合同各项条款约定。并且，外贸企业应该善于运用法律手段，注重发挥律师作用，敢于拿起法律武器维护国家和企业的正当权益，确保我国经济贸易的健康、持续、高质量发展。

 **能力拓展实训**

班级	学号	姓名	成绩

基础实训 1：因分批装运银行拒付案

案情介绍：

中国某农产品进出口公司向国外某贸易公司出口一批玉米，国外客户在合同规定的开证时间内开来一份不可撤销信用证，信用证中的装运条款规定："SHIPMENT FROM CHINESE PORT TO SINGAPORE IN MAY, PARTIAL SHIPMENT PROHIBITED."农产品进出口公司按证中规定，于5月15日将200公吨玉米在福州港装上"嘉陵"号轮，又由同轮在厦门港装300公吨玉米，5月20日农产品进出口公司同时取得了福州港和厦门港签发的两套提单。农产品公司在信用证有效期内到银行交单议付，却遭到银行以单证不符为由拒付货款。

实训任务：

1. 什么是分批装运？
2. 银行的拒付是否有理？为什么？

 **笔记区**

基础实训 2：充分利用"允许分批装运"条款案

案情介绍：

案情一：进口商要求出口公司改变运输方式提前或取消装运部分货物（已超过原信用证允许的数量增减幅度）。我某出口公司收到一国外来证，货物为 40 000 只打火机，总价值为 4 万美元，允许分批装运，采用海运方式。后客户来传真表示急需其中 10 000 只（总数量的 1/4）打火机，并要求改用空运方式提前装运，并提出这部分货款采用电汇方式（T/T）在发货前汇至我方。

案情二：我方某公司收到一国外来证，货物为 1×20 集装箱各式运动鞋和塑料底布面库存拖鞋，价值分别为 45 154 美元和 2 846 美元，允许分批装运，单据要求规定我方必须提供由中国质检总局签发的品质检验证书（简称质检证）。货物备妥发运前，我方商检局认为该批拖鞋品质未达到国家标准，不能为其签发质检证。为此，我方立即要求客户修改信用证（即删除库存拖鞋的质检证条款），客户以改证费用太高且可能影响交货期为由拒绝改证，但表示只要货物和封样一致，它们仍会接受货物。

实训任务：

遇到此类问题应该怎么办？

_____
_____
_____
_____
_____

 笔记区

能力进阶1：多式联运算转运吗？

案情介绍：

我某出口企业收到的一份信用证规定："装运自重庆运至汉堡。多式运输单据可接受。禁止转运。"受益人经审核认为信用证内容与买卖合同相符，遂按照信用证规定委托重庆外运公司如期在重庆装上火车经上海改装轮船运至汉堡。由重庆外运公司于装车当日签发多式运输单据。议付行审单认可后即将单据寄开证行索偿。开证行提出单证不符，拒绝付款。理由：①运输单据上表示的船名有"预期"字样，但无实际装船日期和船名的批注；②信用证规定禁止转运，而单据却表示"将转运"。

实训任务：

请问拒付理由成立吗？

 笔记区

能力进阶 2：溢短装条款适用货物数量总项还是分项？

案情介绍：

我外贸公司 A 与欧洲 B 商订立供应某商品 500 公吨出口合同，规定 1 月至 4 月由中国港口装上海轮运往欧洲某港，允许卖方交货数量可增减 5%。B 商按时开来信用证的装运条款为 1 月 100 吨、2 月 150 吨、3 月 150 吨、4 月 100 吨，每月内不得分批。A 公司审核信用证之后认为可以接受，遂于 1 月、2 月分别按照信用证规定如期如数发货并顺利结汇。后由于货源不足，经协商得船公司同意，于 3 月 10 日先在青岛将 70 公吨货装上 C 轮，待该轮续航烟台时，于 3 月 18 日在烟台再装 75 公吨。A 公司议付时，提交了分别于青岛和烟台装运的共计 145 公吨的两套提单。当议付行将单据寄交开证行时遭拒付。理由：①3 月应装 150 吨，实际装 145 公吨；②分别在青岛、烟台装运，与信用证禁止分批不符。

实训任务：

试分析开证行拒付理由是否成立。

笔记区

项目评价反思

完成表 4-1 和表 4-2。

表 4-1　项目完成效果评价量级表

评价类别	评价项目	评价等级			
自我评价	对本项目知识的兴趣				
	本项目知识点的掌握情况				
	理解同伴的思路并积极交流				
	本项目学习得到的收获				
小组互评	积极参与小组讨论				
	积极查阅资料、提供分析依据				
	积极参与小组分工协作				
教师评价	语言表达能力				
	案例分析能力				
	积极发言				
综合评价					

表 4-2　风险识别与评估能力自测表

序号	风险点	评价等级			
1	对海运提单性质理解有误导致风险				
2	倒签提单、顺签提单、预借提单背后的风险				
3	认清无单放货的风险				
4	如何规避无单放货风险				
5	对是否属于分批装运理解有误导致风险				
6	未理解《UCP600》对分批装运的规定导致风险				
7	充分利用分批装运条款以减少损失				
8	FOB 条件下托运人地位争议				
9	明确航空运单与海运提单的区别规避风险				
10	记名提单隐藏的风险				
11	1/3 正本提单背后的风险				
12	违反定期定量分批装运条款的风险				
13	正确计算航空运费以规避风险				
14	明确集装箱运输货物的交接方式以减少风险				
15	正确计算集装箱运输费用以规避风险				
综合评价					

项目五　国际货物运输保险纠纷

 项目导学单

项目五导学单		
学习目标	素质目标	• 增加风险防范意识； • 坚持诚实守信原则； • 增强社会责任感
	知识目标	• 熟悉风险、损失和费用的主要内容； • 熟悉协会货物条款主要险别； • 掌握我国海洋运输货物保险条款的主要险别； • 掌握保险条款的拟定方法
	能力目标	• 能正确判断所遇损失属于何种性质的损失； • 能在不同运输方式下正确、灵活投保合理险别； • 能正确进行共同海损的分摊； • 能正确缮制投保单
学习重难点		• 共同海损的特点及分摊； • 我国海洋运输货物保险条款的主要险别； • 保险条款的拟定方法
建议学时		4 课时
高频风险点提示		
• 单独海损与共同海损区别不清致损 • 误解平安险的赔偿范围导致损失 • 正确理解"仓至仓"条款的应用以规避风险 • 正确拟定买卖合同中的保险条款以规避风险		
致未来外贸业务员的第 5 封信		
在国际货物运输过程中存在诸多风险，从而可能会导致外贸企业遭受经济损失。为了尽可能减少企业损失，出口商或进口商应该增强风险意识，深刻认识到在国际货物运输中风险的多样性和转嫁风险的必要性，根据货物性质及运输航线等因素，合理判断可能遭遇的风险和损失性质，在掌握我国及伦敦保险协会的保险条款、熟知各种险别的保险责任范围基础上，灵活、合理投保相应的险别。并且，在损失发生后，能够根据所投险别，及时、有效地向保险公司索赔，从而极大降低外贸经营风险，减少国家和企业利益损失。		

项目导学单

基础知识全景图

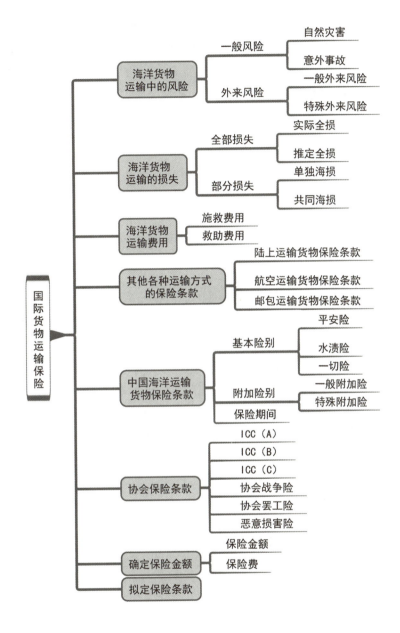

金桥业务漫漫谈之"一切险"

青岛金桥进出口公司的业务员 Linda 与荷兰 KB 贸易公司签订了一份 8 000 副皮手套的进出口合同,价格条件为 CIF 鹿特丹,Linda 向中国人民保险公司投保了"一切险",然后按合同规定,凭出口地检验合格证明装船并结汇。然而,荷兰 KB 贸易公司收到的货物全部湿、霉、沾污、变色。那么到底哪个环节出了问题?中国人民保险公司是否应该赔偿呢?

导入案例
(动画)

 ## 风险案例解读

案例 1:集装箱货物的保险责任应该如何划分?

案情介绍:

江苏省 F 茧丝绸股份有限公司(以下简称 F 公司)将 80 箱生丝交予上海 Q 国际货运代理公司委托其进行运输。2017 年 7 月,上海 Q 国际货运代理公司为该批生丝签发了电放提单,提单记载:托运人为 F 公司,收货人"凭指示",运输方式为"堆场至堆场"。该批出口货物报关单记载:经营单位及发货单位均为 F 公司,成交方式为 CIF,结汇方式为电汇。提单签发当日,杭州人民保险公司为该批货物签发了保险单,保险单记载:被保险人为江苏 F 公司,承保险别为中国人民财产保险股份有限公司海洋货物运输一切险(2009 版),保险责任期间为卖方仓库至买方仓库。2017 年 7 月涉案货物运抵日本大阪港。集装箱交付时箱体完好,封志完好。当地集装箱拆箱公司对集装箱拆箱并出具拆箱报告称有 19 箱货物包装破损、13 箱货物被挤压。2017 年 8 月,涉案货物被搬运至收货人公司仓库。

知识点视频

案例解析视频

2017 年 12 月,中国检验认证集团日本有限公司赴收货人公司,对涉案货物受损情况进行了检验,并于 2018 年 6 月出具了检验报告。检验报告称:经检验发现 80 箱货物外包装上均有被打开过的痕迹,经电子秤测量发现有 16 箱货物的质量短少,估计在装货和运输的过程中有人开箱而造成此次货差,收货人提出的索赔金额为 15 521.48 美元。2018 年 1 月,日本 S 商事出具授权委托书,授权 F 公司代表其向相关方索赔、接受保险赔款和签订权益转让书。2018 年 6 月,杭州人保向 F 公司支付保险赔款 14 110.40 美元后取得代位求偿权,随后向上海 Q 国际货运代理公司提出索赔。2018 年 10 月,上海海事法院审理该案件后认为,无法证明涉案货物的短少是发生在承运人的责任期间,故上海 Q 国际货运代理公司不应对涉案货物短少承担赔偿责任(图 5-1)。

问题引导:

1. 保险公司是否应该赔付?
2. 货物检验及收货人对索赔对象的选择是否存在误区?
3. 该案例有哪些启示?

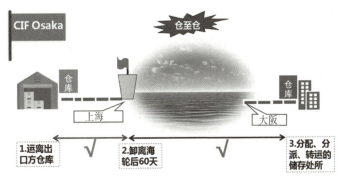

图 5-1　CIF 下仓至仓条款示意图

案例解析：

1. 货物是由货方负责装箱且以整箱货状态运输的，此时根据中国人民保险公司的"一切险"条款，在集装箱运输途中如果没有发生异常事故并且到达目的地后集装箱箱体与封志完好，则保险公司对箱内货物的损坏不承担赔偿责任。本案例中，虽然集装箱运至目的港后拆箱时出现了货损，但因为在运输途中无异常事故发生且交付时箱体与封志完好，所以保险公司对货损不应承担赔偿责任。在货物运至收货人仓库四个月后，检验机构对货物实施检验发现货物短少，此时因无法证明货物在何时发生了短少，保险公司更不应当进行赔付。

2. 在案例中，收货人所委托的检验机构对货损的检验存在误区。在货物运抵目的港拆箱后，拆箱公司出具的检验报告显示货物仅发生了货损，但并未说明货物发生短少，但四个月后货物运至仓库放置，才进行检验发现货物存在短少，此时即便是货物短少确实发生在保险责任期间，对此进行证明也是非常困难的。因为货物的短少是发生在货物运进仓后由收货人对货物进行保管期间，根据"仓至仓"保险条款，由于货物运至仓库时保险人的保险责任已经终止，故此时保险公司也不应当承担赔偿责任。

另外，该案例中收货人发现货物短少提出索赔时，索赔对象的选择显然也存在问题。在"一切险"条款下保险公司对由货方装箱的整箱货只在发生足以导致货损的异常事故的条件下才承担赔偿责任，所以此案中如果收货人熟知"一切险"的保险责任划分，则不应当将保险权益转让给发货人 F 公司，而是应直接向发货人 F 公司或无船承运人 Q 国际货运代理公司进行索赔。

3. 几点启示：

（1）保险当事人应明确集装箱货物保险责任的划分以保障自身的合法权益。当以整箱货形态运输货物时，只要承运人在接受和交付货物时集装箱箱体与封志完好无损，便可初步认定运输途中未发生使货物受损的责任风险。在以拼箱货形态运输货物时，交付货物时如果出现货损、货差，保险人通常应当承担赔偿责任。当然，保险人在取得代位求偿权后可向无船承运人进行追偿。

（2）收、发货人与承运人应充分做好运输风险的防范。在整箱货运输形态下，货方应充分评估各种潜在的运输风险并采取必要的措施包装与积载货物，以确保箱内货物能够抵御常见的运输风险而不致发生损坏。在拼箱货运输形态下，无船承运人应做好货物的交接与装、拆箱工作。

（3）注重对货物的检验并留存证据，合理选择索赔对象。依据相关法规与标准，对货物及集装箱进行及时检验，并妥善建立与保留能够证明货物与箱体状况的证据，对于买卖双方的责任划分以及发生货损货差后的索赔是至关重要的。集装箱货物检验可分为装运前的检验以及货物交付时的检验。在发现货损货差后，货方应根据集装箱货物保险责任的划分及时、合理选择索赔对象展开索赔工作，以尽可能挽回损失。

案例2：仓至仓还是船至仓？

案情介绍：

2017年3月，香港温顿贸易公司（买方）与湖南省纺织品公司（卖方）签订了一份对口合同，由买方提供布料6公吨，4.5万美元CIF广州；由卖方提供80 000条全棉男裤，7万美元CFR鹿特丹。

装运口岸与目的地：（成品）中国广州—中国香港—荷兰鹿特丹

SHIPMENT：BEFORE MAY 31，2017

PAYMENT：THE BUYER SHALL OPEN A CONFIRMED AND IRREVOCABLE L/C AT SIGHT IN FAVOR OF THE SELLER 45 DAYS BEFORE THE SHIPMENT OF THE GOODS.

知识点视频

案例解析视频

2017年5月20日，卖方委托生产厂商将300箱货物装上卡车运往广州。由于驾驶员过失，卡车坠入河中，致使货物落水打湿100箱，使之成为次品。该纺织品公司与事故地公安局出具证明，证明了上述货损事实。

2018年1月，香港买方公司申请广东保险分公司对货物进行检验，并出具检验报告。汇丰保险公司于2018年4月正式向买方公司理赔22万港元，从而取得代位求偿权。从2018年10月起，汇丰保险公司数十次向纺织品公司索赔未果，于2019年1月向法院起诉。

问题引导：

1. 对于卖方来说，是否有更加合适的贸易术语？
2. 本案货损究竟应该由谁负责？

案例解析：

1. 买卖双方签订的对口合同中，由卖方提供80 000条全棉男裤，采用的贸易术语为CFR Rotterdam。CFR适用于水上货物运输，包括海运和内河航运，比较适合离港口较近的卖方选用。而湖南作为内陆省份，若要交货必须把货物运到沿海港口装船，货物从仓库到装船前的整个期间的风险应由卖方承担。

因为即使在其他河港口装船，除非是有权经营国际间运输的船舶，卖方将无法取得装船提单而只能取得适于沿海与内河运输的运单，从法律上讲，卖方未完成交货人任务。若采用陆运至中国香港再转船，则卖方须负担至中国香港装船时为止的风险，这对卖方显然是不利的。因此，本案双方选用CFR贸易条件是不恰当的。

若本案贸易术语选择CPT、CIP或FCA，卖方可以提前转移风险、责任和费用。卖方可以在将货物交给承运人时转移风险给买方，转移之后在货物途中的损失与卖方无关，因而便不用承担本案中的货损。因此，本案中选用 CPT、CIP 或 FCA 对卖方来说更加合适（图 5-2）。

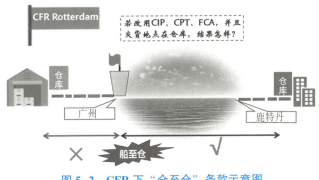

图 5-2　CFR 下 "仓至仓" 条款示意图

2. 本案中，因为采用的是 CFR 贸易术语，风险还未转移给买方，所以应该由卖方承担风险。并且，该风险不能转嫁给保险公司。原因如下：虽然保险公司规定的保险期间是 "仓至仓"，但是要想获得赔偿，必须满足三个条件：①索赔人与保险公司之间，必须有合法、有效的合同关系。②索赔人不仅是保险单的合法持有人，而且必须享有保险利益。③索赔人要求赔偿的损失，必须是在所保险别的承保范围内。在本案中，卖方虽拥有保险利益，但他不是保险单的被保险人或合法的受让人，所以无权向保险公司索赔。而买方虽然是保险单的被保险人和合法持有人，但对货物不具有保险利益，因此保险公司有权拒绝其索赔。因此 CFR 合同下的 "仓至仓" 条款，保险公司实际承担 "船至仓" 责任。综上所述，本案中的损失应该由卖方承担。

案例 3：单独海损还是共同海损？

案情介绍：

2018 年 10 月 20 日，我国青岛丰阳出口贸易公司（以下简称 A 公司）与美国 BL 贸易公司（以下简称 B 公司）签订了一份购买 52 500 吨化肥的合同，使用的贸易术语为 CFR Qingdao。A 公司开出信用证规定，THE SHIPMENT PERIOD IS FROM JANUARY 1 TO JANUARY 10。由于 B 公司租来运货的 "顺风" 号轮在开往某外国港口途中遇到飓风，结果 2019 年 1 月 20 日才完成装运。承运人在取得 B 公司出具的保函的情况下签发了与信用证条款一致的提单。"顺风" 号轮于 1 月 21 日驶离装运港。A 公司为这批货物投保了水渍险。2019 年 1 月 30 日，"顺风" 号轮途经巴拿马运河时起火，造成部分化肥烧毁。船长在命令救火过程中又造成部分化肥湿毁。由于船在装货港口的延迟，使该船到达目的地时正遇上了化肥价格下跌。A 公司在出售余下的化肥时价格不得不大幅度下降，给 A 公司造成很大损失。

知识点视频

案例解析视频

问题引导：

1. 途中烧毁的化肥损失属什么损失，应由谁承担？为什么？
2. 途中湿毁的化肥损失属什么损失，应由谁承担？为什么？

3. A 公司可否向承运人追偿由于化肥价格下跌造成的损失？为什么？
4. 如果投保了平安险，本案中化肥的损失是否能得到赔付？

案例解析：

1. 单独海损是指在海上运输中因遇难及其他意外事故而发生的不能列入共同海损的部分损失。单独海损只涉及船舶和货物各自利益的损失，由各自利益方承担，如已投保，由承保人代替对造成损失有责任的一方承担（只涉及标的物的灭失或损害，不包括任何费用）（图 5-3）。

本案例中，途中烧毁的化肥损失属单独海损，应由保险公司承担损失。依 CFR 术语，风险由 A 公司即买方承担，而 A 公司购买了水渍险，赔偿范围包含单独海损，因此由保险公司承担。

2. 共同海损是指在海洋运输途中，当船舶、货物或其他财产遇到意外而又实际存在的危险，船方为了解除这些危险或使航程得以继续完成而有意识采取的合理措施，所直接造成的特殊牺牲和支付的特殊费用（图 5-3）。

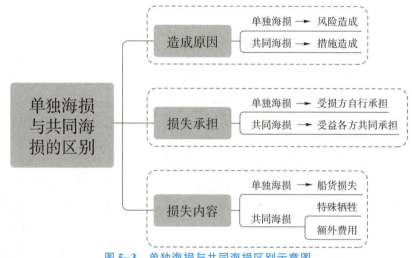

图 5-3　单独海损与共同海损区别示意图

途中湿毁的化肥损失属于共同海损，应由 A 公司与船公司分别承担。因船舶和货物遭到了共同危险，船长为了共同安全，有意又合理的施救行为造成了化肥的湿毁。A 公司分摊的那部分共同海损，可以转嫁给保险公司。

3. A 公司可以向承运人追偿由于化肥价格下跌造成的损失。因为承运人迟延装船，又倒签提单，须对迟延交付负责。

4. 如果投保了平安险，本案中化肥的损失能得到赔付。平安险的赔偿责任范围（图 5-4）为：①意外事故造成整批货物的全部损失或推定全损；②海上自然灾害造成的货物全部损失；③前后发生意外事故情况下自然灾害造成的单独海损；④装卸、转运时整件货物的落海损失；⑤避难港的卸货损失与在避难港、中途港支付的特别费用；⑥共同海损的牺牲、分摊和救助费用；⑦如运输合同中订有船舶互撞条款，应由货方偿还船方的损失；⑧货物遭受保险责任内危险时，被保险人合理的施救费用。

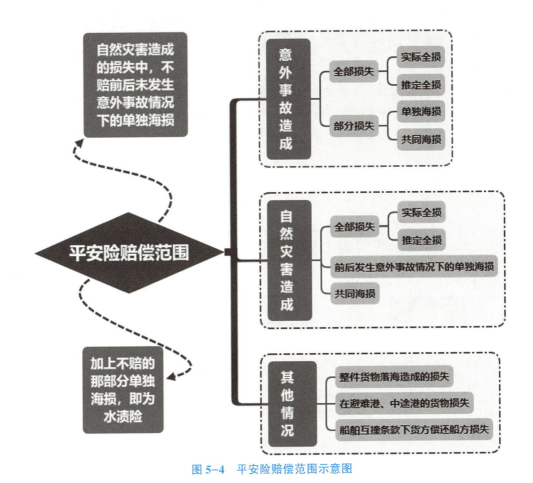

图 5-4 平安险赔偿范围示意图

案例 4：损失归属如何断？

案情介绍：

"昌隆"号货轮满载货物驶离上海港，所有货物均是武汉隆达贸易公司出口到日本 BK 贸易公司的一个合同项下的货物，使用的贸易术语为 CFR Osaka。开航后不久，由于空气温度过高，导致老化的电线短路引发大火，将装在第一货舱的 1 000 条出口毛毯完全烧毁。船到大阪港卸货时发现，装在同一货舱中的烟草和茶叶由于羊毛燃烧散发出的焦煳味而不同程度受到串味损失。其中由于烟草包装较好，串味不是非常严重，经过特殊加工处理，仍保持了烟草的特性，但是等级已大打折扣，售价下跌三成。而茶叶则完全失去了其特有的芳香，不能当作茶叶出售了，只能按廉价的填充物处理。

船在航行过程中，不幸与另一艘货船相撞，船舶严重受损，第二货舱破裂，舱内进入大量海水，剧烈的震荡和海水浸泡导致舱内装载的精密仪器严重受损。为了救险，船长命令动用亚麻临时堵住漏洞，造成大量亚麻损失。在船舶停靠泰国港避难进行大修时，船方联系了岸上有关专家就精密仪器的抢修事宜进行了咨询，发现整理恢复费用十

知识点视频

案例解析视频

分庞大，已经超过了货物的保险价值。为了方便修理船舶，不得不将第三舱和第四舱部分纺织品货物卸下，在卸货时有一部分货物有钩损。

问题引导：

1. 试分析上述货物损失属于什么性质的损失。

2. 请问日本 BK 贸易公司至少应该投保中国人民保险公司海洋运输货物保险条款下的什么险别，才能保证上述货物的损失都能得到赔偿？

案例解析：

图 5-5 为海损分类示意图。

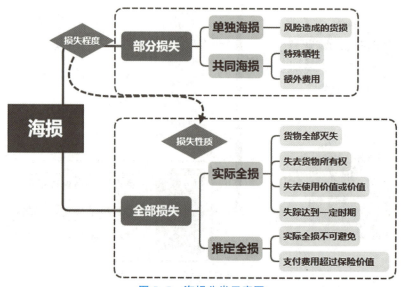

图 5-5　海损分类示意图

1. 第一货舱的货物。1 000 条毛毯的损失是意外事故火灾引起的实际全损，属于实际全损第一种情况——保险标的实体完全灭失。而烟草的串味损失属于火灾引起部分的损失，因为在经过特殊加工处理后，烟草仍然能保持其属性，可以按"烟草"出售，造成贬值是烟草的部分损失。至于茶叶的损失则属于实际全损，因为火灾造成了"保险标的丧失属性"，虽然实体还在，但是已经完全不是投保时所描述的标的内容了。

第二货舱的货物。精密仪器的损失属于意外事故碰撞造成的推定全损。根据推定全损的定义，当保险标的实际全损不可避免，或为避免发生实际全损花费的整理拯救费用超过保险标的本身的价值或其保险价值时，就会得不偿失，从而构成推定全损。精密仪器恢复的费用异常昂贵，大大超过了其保险价值，已经构成推定全损。亚麻的损失是在危急时刻为了避免更多的海水涌入货舱威胁到船货的共同安全而被用来堵塞漏洞造成的，这种损失属于共同海损，由受益各方共同分摊。

第三货舱的货物。纺织品所遭遇的损失，是为了方便共同海损修理而被迫卸下时造成的，也属于共同海损。

2. 平安险的赔偿责任范围为：①海上自然灾害和意外事故造成整批货物的全部损

失或推定全损；②因运输工具遭受搁浅、触礁、互撞、沉没、与流冰或其他物体碰撞，以及失火、爆炸而造成的货物全部或部分损失；③装卸、转运时整件货物的落海损失；④避难港的卸货损失与在避难港、中途港支付的特别费用；⑤共同海损的牺牲、分摊和救助费用；⑥如运输合同中订有船舶互撞条款时，应由货方偿还船方的损失；⑦货物遭受保险责任内危险时，被保险人合理的施救费用。

本案中货物的损失均在平安险的赔偿范围内，所以至少投保了平安险别，就能将本案中货物的损失，全部转嫁给保险公司。

案例 5：共同海损的判定和分摊

Case Description：

In June 2018, the ship naming summit, carrying computers, clothing and flour, sailed from Tianjin port to Singapore, but suddenly encountered a tsunami on the way, the cabin flooded and sank, all the computers were soaked, damaged and unusable; 50% of the clothes were soaked in the sea water; in order to ensure the safety of the ship and cargo, so that the ship could sail smoothly, the captain ordered that one container of flour were thrown into the sea. Then the ship and goods were rescued by other ships, and they took refuge in the nearby port of refuge. Finally, all the cargo was rescued and the ship arrived in Singapore safely. Among them, the value of the ship is 5 million US dollars, the value of computers is 600 000 US dollars, the value of clothes is 550 000 US dollars, and the value of flour is 200 000 US dollars.

Question：

1. What are the nature of the losses suffered by each cargo owner?

2. How to share the loss of 200 000 US dollars?

Answer：

1. The loss of the computer owner belongs to the actual total loss, the loss of the clothing owner belongs to the particular average, the loss of the flour owner belongs to the general average.

2. (1) Determining the rate of contribution to general average：

General average contribution rate

= total amount of general average loss/total amount of general average contribution value

= 20/(500+60+55+20) = 0.031 496 063.

(2) Determine the amount of loss to be shared by each beneficiary：

Amount of loss to be shared by the beneficiary

= Contribution value of each beneficiary × general average contribution rate

Shipper：5 000 000×0.031 496 063 = 157 500US dollars.

Computer seller：600 000×0.031 496 063 = 18 900US dollars.

Clothing seller：550 000×0.031 496 063 = 17 300US dollars.

Flour seller：200 000×0.031 496 063 = 6 300US dollars.

图 5-6 为共同海损分摊计算公式示意图。

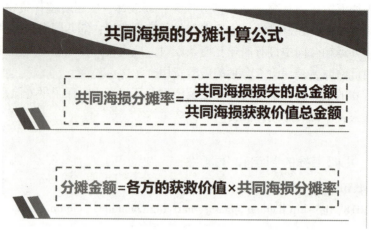

图 5-6　共同海损分摊计算公式示意图

> **思政小课堂**
>
> **重视国家利益　永葆家国情怀**
>
> 　　在对外经贸活动中,应将国家利益置于至高无上的地位。外贸企业应始终坚持独立自主、平等互利、互惠对等原则,始终做到有理有据,不卑不亢,以事实为依据,以法律为准绳,勇于拒绝对方不合理要求,永葆家国情怀,努力维护国家和企业正当利益。在交易正式开始前,应对交易对象进行严格的资信调查,防止上当受骗,避免钱货两空;尽力选择对我方有利的贸易术语、保险险别、支付方式等,规避在外贸活动中遭遇风险;在无法确定交易风险程度的情况下,应主动积极办理出口信用险,从而充分保障国家利益和企业利益。

能力拓展实训

班级	学号	姓名	成绩

基础实训 1：损失性质判断与险别选择

案情介绍：

"龙门"号货轮从天津新港驶往新加坡，在航行途中船舶货舱起火，大火蔓延至机舱，船长为了船货的共同安全决定采取紧急措施，往舱中灌水灭火。火虽被扑灭，但由于主机受损，无法继续航行，于是船长决定雇佣拖轮将货船拖回新港修理，检修后重新驶往新加坡。其中的损失与费用有：①1 000 箱货被火烧毁；②600 箱货由于灌水受到损失；③主机和部分甲板被烧坏；④拖轮费用；⑤额外增加的燃料、船长及船员工资。

实训任务：

1. 请指出上述损失的性质。
2. 须投保何种险别，才能取得保险公司的赔偿？

笔记区

基础实训 2：水渍险的赔偿范围

案情介绍：

我某外贸公司以 CFR 条件进口 4 000 吨钢管，我方为此批货物向某保险公司投保我国海洋运输保险条款水渍险。钢管在上海港卸下时发现有 500 吨生锈。经查，其中 200 吨钢管在装船时就已生锈，但由于钢管外表有包装，装船时没有被船方检查出来；还有 200 吨钢管因船舶在途中搁浅，船底出现裂缝，海水浸湿而致生锈；另有 100 吨钢管因为航行途中曾遇雨天，通风窗没有及时关闭而被淋湿致生锈。

实训任务：

分析导致上述损失的原因，保险公司是否应予赔偿，为什么？

_____
_____
_____
_____
_____

 笔记区

基础实训 3：不同的"仓至仓"条款

案情介绍：

有一份 FOB 合同，买方已向保险公司投保一切险。货物从卖方仓库运往装运码头途中，发生承保范围内的风险损失，事后卖方以保险单含有"仓至仓"条款为由，要求保险公司赔偿，但遭到拒绝。后来卖方又请买方以买方的名义凭保险单向保险公司索赔，但同样遭到拒绝。

实训任务：

1. 为什么保险公司会拒赔？
2. 如果换成 CFR 或 CIF 贸易术语，保险公司是否拒付？为什么？

 笔记区

能力进阶1：保险条款不明导致纠纷案

案情介绍：

G公司以CIF价格条件引进一套英国产检测仪器，因合同金额不大，合同采用简式标准格式，保险条款一项只简单规定"保险由卖方负责"。一起到货后，G公司发现一部件变形影响其正常使用。G公司向外商反映要求索赔，外商答复仪器出厂经严格检验，有质量合格证书，非它们的责任。后经商检局检验认为是运输途中部件受到振动、挤压造成的。G公司于是向保险代理索赔，保险公司认为此情况属"碰损、破碎险"承保范围，但G公司提供的保单上只保了"协会货物条款"（C），没保"碰损、破碎险"，所以无法索赔付。G公司无奈只好重新购买此部件，既浪费了金钱，又耽误了时间。

实训任务：

1. 在CIF条件下，卖方有义务投保"碰损、破碎险"吗？
2. 请问买方应该如何规避此类损失？

笔记区

能力进阶 2：自然灾害造成损失如何赔偿？

案情介绍：

我某外贸公司按 CIF 条件进口一批货物，卖方向我国保险公司按 CIC 条款办理了货运保险，投保加成为 10%。运载该批货物的海轮于某年 5 月 3 日在海上遇到暴风雨的袭击，使该批货物受到了部分损失，损失货值 1 000 元；该海轮在继续航行中，又于 5 月 8 日发生触礁事故，再次使该批货物发生部分损失，损失货值 2 000 元。

实训任务：

1. 在投保何种险别时，保险公司才承担赔偿责任？为什么？

2. 如果船舶未发生触礁事故，在投保何种险别时，保险公司才对暴风雨带来的损失负责赔偿？为什么？

3. 保险公司应该赔多少？

 笔记区

项目评价反思

完成表 5-1 和表 5-2。

表 5-1　项目完成效果评价量级表

评价类别	评价项目	评价等级			
		😀	🙂	🙁	😠
自我评价	对本项目知识的兴趣				
	本项目知识点的掌握情况				
	理解同伴的思路并积极交流				
	本项目学习得到的收获				
小组互评	积极参与小组讨论				
	积极查阅资料、提供分析依据				
	积极参与小组分工协作				
教师评价	语言表达能力				
	案例分析能力				
	积极发言				
	综合评价				

表 5-2　风险识别与评估能力自测表

序号	风险点	评价等级			
		😀	🙂	🙁	😠
1	单独海损与共同海损区别不清致损				
2	正确计算共同海损的分摊以避免损失				
3	明确平安险的赔偿范围以减少损失				
4	明确水渍险的赔偿范围以减少损失				
5	明确一切险的赔偿范围以减少损失				
6	正确拟定买卖合同中的保险条款以规避风险				
7	正确选择一般附加险、特殊附加险转嫁风险				
8	正确选择《协会货物条款》的保险险别转嫁风险				
9	正确理解我国及伦敦保险协会对海洋运输货物保险期间的规定，合理转嫁风险				
10	正确理解"仓至仓"条款的应用以规避风险				
11	正确选择陆运保险险别转嫁风险				
12	正确选择空运货物保险险别转嫁风险				
13	集装箱货物保险责任划分不清晰导致损失				
14	正确缮制投保单规避风险				
15	正确计算保险费以减少损失				
	综合评价				

项目六 国际货款收付纠纷

 项目导学单

项目六导学单		
学习目标	素质目标	• 遵纪守法、遵守国际惯例； • 增强风险防范意识、保证国家利益； • 培养严谨细致的工作作风
	知识目标	• 熟悉各种结算方式的业务流程； • 熟悉 URC522、UCP600、ISBP 等国际贸易惯例； • 掌握 T/T 的特点与利弊； • 掌握 D/P 与 D/A 的特点和风险； • 掌握 L/C 结算方式的特点
	能力目标	• 能正确使用前 T/T、后 T/T 结算货款； • 能正确理解托收结算对出口商利益的影响； • 能灵活选用各种结算方式； • 能正确理解信用证结算对出口商利益的影响
学习重难点		• 不同结算方式的利弊和风险； • 影响国际贸易支付方式选择的主要因素； • 结算方式与合同其他条款的匹配； • 有关结算方式的国际贸易惯例
建议学时		4 课时
高频风险点提示		
• 不理解商业信用的风险导致纠纷； • 忽视客户资信调查导致风险增加； • 不理解各结算方式利弊导致风险增加； • 结算方式与其他合同条款不匹配导致风险增加； • 选择不适当的结算方式导致风险和费用增加		
致未来外贸业务员的第 6 封信		
国际货款收付是外贸流程的重要环节，事关外贸业务的风险和收益。企业在进行国际货款收付时，要综合比较各种结算方式的利弊，根据每笔贸易实际情况灵活选择合适的结算方式。为此，我们要清楚每种支付方式可能存在的风险。国际货款收付常用支付方式中，汇付和托收属于商业信用，风险较大，尤其是货到付款和承兑交单要慎用；信用证为银行信用相对安全，但也可能面临"单证不符"的风险。因此，我们能做的就是合理分析风险、充分了解贸易对象资信、积极寻求风险防范办法，从根本上实现自我保护，保障企业和国家的经济利益。		

项目导学单

基础知识全景图

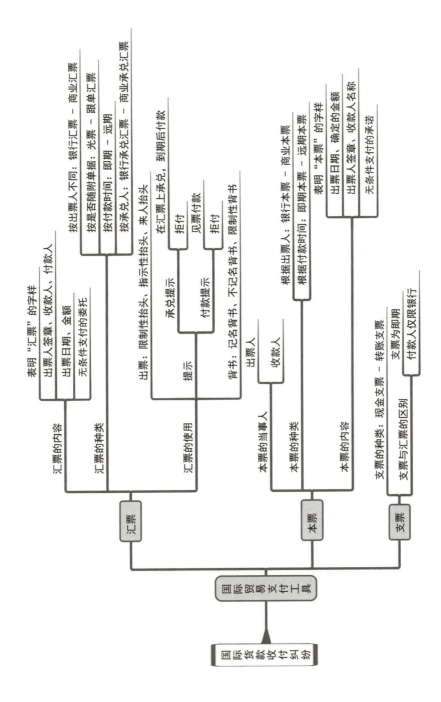

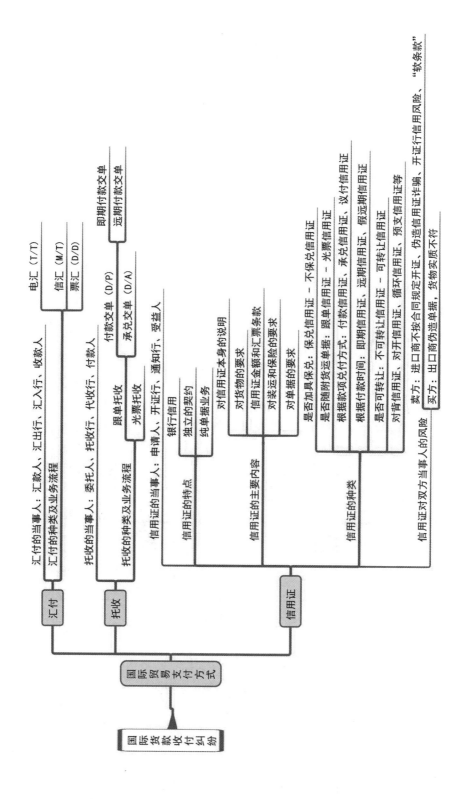

金桥业务漫漫谈之"单证不符"

Linda 收到来自沙特老客户的床上用品订单,远期信用证结算,对方也如期开来了信用证。没想到的是,就是这样一笔看似简单的长期合作订单,履约中 Linda 也遇到了大麻烦。到底是怎么回事?Linda 能不能成功化解危机?怎么样才能保证货款的安全?

导入案例
(动画)

风险案例解读

案例 1:T/T 钱货两空谁之过?

案情介绍:

2019 年 3 月 1 日,中国青岛鲜生贸易公司(以下简称鲜生公司)与南非 MH 公司(以下简称 MH 公司)签订了一批冷冻海鲜的出口贸易合同。为了简化出口手续,该合同采用 FOB 贸易术语成交、T/T 方式结算。具体支付条款为:"30% IN ADVANCE BY T/T TO BE REMITTED IMMEDIATELY AFTER THE CONTRACT BEING SIGNED AND THE BALANCE OF 70% SHOULD BE PAID UPON THE COPY OF B/L……。"按合同规定,MH 公司需先支付 30%预付款,货物装船后,鲜生公司将提单副本传真给 MH 公司,MH 公司再付清余款。合同签订后,MH 公司很快汇来应付预付款。因为 30%预付款已成为中小贸易公司广泛接受的订金比例,鲜生公司收到预付货款后,没有多想即安排发货,并将提单副本传真给了 MH 公司。MH 公司回复说已安排财务,会尽快支付余款。半个月后,鲜生公司见未收到余款,又致电询问,客户以忙为借口推托,后多次致电联系未果。鲜生公司抓紧查询货物位置,才发现货物已到达港口,并已被客户凭副本提单提走,最终鲜生公司钱货两空。

知识点视频

案例解析视频

问题引导:

1. 如何理解 T/T 这种支付方式?
2. 出口公司从本案中应吸取什么教训?

案例解析:

1. T/T(Telegraphic Transfer)——电汇,是汇款的一种,为进出口业务中最常用的货款结算方式。T/T 是由汇款人向当地银行提出电汇的申请并交款付费后,汇出行用电报或电传的方式下达汇款指示,由其目的地的代理行或分行转付一定款项给收款人。使用电汇结算,手续简单、速度快、费用低,如进口方资信好、关系密,电汇为理想的结算方式。但在这种结算方式下,银行只提供服务不提供信用,所以汇款属于商业信用。交易中提供信用的一方必然承担着较大的风险,可能会面临进口方付款而出口方不发货,或者出口方发货后买方不付款的情况。本案中,出口方鲜生公司就是在收到 30%预付款后发货,而买方拒不支付剩余款项并提走货物,导致卖方货款两空。

2. 汇款支付买卖双方资金负担不平衡。为避免一方风险过大，实际业务中经常会采用一定比例预付货款、余款发货后支付的方式。本案中 30% 预付货款、70% 凭提单副本支付其实算是较理想的收汇方式，但仍面临货款两空。分析卖方致损的原因主要为以下几点：鲜生公司首次与 MH 公司合作，缺乏对客户资信的详细了解，没有使用更为安全的支付方式；买方推托付款时，鲜生公司未能及时跟踪拦截货物，使买方有机可乘；按贸易术语 FOB 成交，由买方租船订舱，也增加了无单放货风险。

因此，从本案中出口公司应吸取以下教训：①重视对首次合作客户的资信调查。对信用风险高的客户使用更安全的支付方式，或提高预付款比例，必要时购买出口信用保险。尤其是现今，中国与"一带一路"沿线国家贸易增加，而这些国家风险评级普遍较高，出口方更应该引起重视；②货款到手前牢牢掌控货权。案例中，鲜生公司如果能在意识到买方不会按时付款时，及时跟踪拦截货物，可能就会挽救一定的损失；③避免 FOB 无单放货。T/T 结算的货物出口应尽量使用 CFR、CIF 等贸易术语，由卖方安排运输，更好地掌握主动权，避免 FOB 术语下的无单放货（图 6-1）。

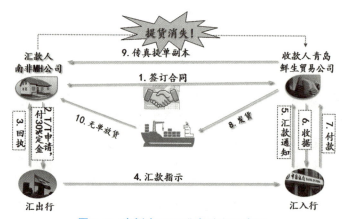

图 6-1 案例中 T/T 业务流程示意图

案例 2：暗藏风险的票汇

案情介绍：

2018 年 7 月 15 日，苏州艾薇丝绸公司（以下简称艾薇公司）首次向印度 JF 公司（以下简称 JF 公司）出口一批丝绸，以 CIF Chennai 条件成交，即期信用证结算。由于业务员疏忽，合同中并未规定具体的开证期限。后经多次催促，终于在装船前一周收到 JF 公司来证，但信用证有多处与合同条款不符。艾薇公司坚持不发货，JF 公司提出用电汇预付货款。由于改证已经来不及，电汇预付也能保证货款，艾薇公司同意了印方的条件。三天后，艾薇公司收到印方传真银行汇票一张，并声称货款已汇出。经银行审核签章无误后，为保证按期交货，艾薇公司于收到汇票次日将货物发运，并将提单传真 JF 公司。两周后，艾薇公司未收到货款去电催促无果，去银行查询

知识点视频

案例解析视频

才知汇票已办理了退汇手续，艾薇公司方知上当。此时，船已到达金奈港，进口商又杳无音讯。根据印度的规定，货物到港后，可在海关仓库存放 30 天。如到期进口商仍不能按时提货，又不做延长申请，则出口商的货物在 30 天后会被拍卖。了解到这一情况，艾薇公司深知买方打了什么算盘，果断联系船公司退运事宜，各项费用合计损失 6 万多元（图6-2）。

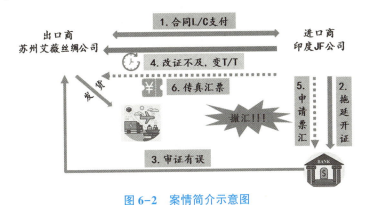

图 6-2　案情简介示意图

问题引导：

1. 如何理解电汇与票汇的异同？
2. 出口商的遭遇对出口商未来的贸易有什么警示？

案例解析：

1. 电汇与票汇都是国际货款收付方式汇付的业务类型。电汇是汇出行应汇款人申请，用电信手段指示目的地汇入行转付一定款项给收款人，为进出口业务中最常用的货款结算方式；票汇（Remittance by Banker's Demand Draft，D/D）是汇出行应汇款人申请，代汇款人开立以汇入行为付款人的银行即期汇票，支付一定金额给收款人的汇款方式。两者业务流程不同，电汇相对于票汇更安全，费用也更高；但资金流向与支付工具流向一致，都属于顺汇；就本质而言，两者都属于商业信用，能否收到款项，完全取决于买方的资信。案例中的出口商艾薇公司，错把票汇误认为电汇，才使进口商有机可乘，以一纸银行汇票骗得卖方发货，然后将汇票交出票银行予以撤销，坐等货物被拍卖，以低价获得货物。

2. 案例中出口商艾薇公司在意识到对方公司信用极差后，虽及时退运货物，避免了更大的损失。但回顾其出口的过程，依然有以下失误：①合同支付条款为 L/C 结算，却未对开证期限做具体规定，导致进口方一再拖延开证；②在对进口方资信情况缺乏足够了解的情况下，轻信对方修改支付方式；③对进口方将支付方式由 T/T 改为 D/D 未引起重视，或者错把 D/D 认为 T/T，让其有机可乘；④未确认货款到账，急于将货物装船出运。收到汇款收据、汇款凭证、银行汇票传真件等都不等于已收到货款，会有对方蓄意涂改、伪造凭证的可能，即使凭证真实，也有退汇的可能。因此，一定要确保货款到账再发货。案例中，艾薇公司万幸使用的 CIF 贸易术语成交，使用国内货代，出口方还掌握着货权，又属于近洋贸易，才能及时退运，避免更大的损失。

这都给企业出口敲醒警钟，汇付属商业信用，首次合作，切记重视资信调查、勿轻意将安全支付方式降级调整；前 T/T 确保安全收汇再发货；后 T/T 避免承担额外费用，需提前了解印度等国家港口存物期限的特殊规定。

案例 3：远期 D/P 惹的祸

案情介绍：

2019 年 12 月 15 日，上海新华公司与巴西布斯公司签订一笔出口"DOWN AND FEATHER FILLING MACHINE"的合同，使用 FOB 贸易术语成交，支付方式为 D/P 60 DAYS AFTER SIGHT。签约时，进口商巴西布斯公司坚持由自己指定代收行。合同签订后，上海新华公司按合同要求发运了货物，随后将全套托收单据交中国银行上海分行，委托其代收货款。托收单据于 2020 年 1 月 15 日到达进口商指定的巴西银行，巴西布斯公司于 1 月 17 日承兑了汇票。合同货物于 2 月 10 日到达里约热内卢港，因为汇票尚未到期，进口商无法付款赎单。为了能及时提货，布斯公司遂出具信托收据 T/R（TRUST RECEIPT），向代收行巴西银行借取了单据，顺利提取了机器设备。汇票到期后，适逢新冠肺炎疫情在国外爆发，巴西公司以疫情停工、资金周转困难为借口拒不付款。

知识点视频

案例解析视频

问题引导：

1. 货款损失谁之过？
2. 如何理解代收行的放单行为？
3. 案例中的出口商应吸取什么教训？使用 D/P 远期应注意哪些风险？

案例解析：

1. D/P（Documents against Payment）——付款交单，指进口商在付清全部货款后，才能取得单据，属于国际货款结算托收业务的一种。D/P 又分为 D/P at sight 和 D/P after sight，也就是即期付款交单和远期付款交单。使用 D/P at sight，出口商开具即期汇票，进口商见票后立即付款，在付清货款后向银行领取货运单据；而 D/P after sight，出口方开具远期汇票，进口方先进行承兑，汇票到期后再付款赎单。另外，托收还有一种承兑交单（Documents against Acceptance，D/A），指进口方对出口方出具的远期汇票承兑后就可以从银行取得单据，汇票到期后再付款。案例中，合同的结算方式为远期 60 天付款交单，巴西布斯公司应对汇票先行承兑，到期付清货款后才能于巴西银行取得单据。而代收行违背托收指示，在巴西公司承兑后，就凭其出具的信托收据放单，是违背《托收统一规则》（《URC522》）的相关规定的。因此，按照《URC522》的规定，货款损失应由代收行承担。

2. 结合上题分析，巴西银行的做法是违背《URC522》规定的。但实际业务中，代收行对 D/P 远期单据的处理有时还要结合当地的贸易习惯。案例中，合同的结算方式为 D/P 远期、进口商为巴西公司。而在南美和欧洲的一些国家，巴西、智利等，所有的 D/P 远期均视作 D/A 对待。在他们认为，远期付款本身是为了给予买方融资便利，使用 D/P 远期，如果货物先期到达，而汇票未到期却不能凭单提货是没有意义的，故通常都是买方承兑汇票就可以取得单据。按当地习惯做法而言，代收行的放单又是合理的。

3. 第一，由于托收属于商业信用，出口方先发货后收款，良好的客户信誉永远是第一位的。出口 D/P 结算一定要重视客户信用调查。案例中，巴西布斯公司签约时坚持自己指定代收行，说明其早已有借单的想法，而上海新华公司却没有意识到风险的存在。因此，出口商托收结算最好委托自己信任的托收行指定代收行；第二，签约前了解进口当地贸易习惯，避免 D/P 远期视为 D/A 情况发生，可在合同中明确约定按《URC522》办理，并要求寄单和在托收指示中强调交单条件；第三，汇票期限应与货物运输时长相符，避免货物早于汇票付款期到达；第四，使用托收结算，最好使用 CIF 或者 CIP 贸易术语，由卖方办理运输和保险。案例中，使用 FOB 成交也存在无单放货的风险，出口商自理保险，必要时可购买"卖方利益险"（图6-3）。

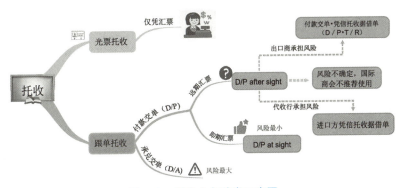

图 6-3　托收业务种类示意图

> **知识拓展**
>
> 信托收据（T/R，Trust Receipt），进口人借单时提供的一种书面信用担保文件，用来表示愿意以代收行的受托人身份代为提货、报关、存仓、保险、出售，并承认货物的所有权仍属于银行。货物出售以后所得的货款，于汇票到期时交代收行。在实际业务中有两种做法：一种是进口商征得代收行同意，出具信托收据后借单。在这种情况下，万一汇票到期不能收回货款，则代收行应承担偿还货款的责任；另一种是出口方主动授权代收行，凭信托收据将单据借给进口方，汇票到期拒付的风险由出口商承担，与代收行无关，称之为"付款交单·凭信托收据借单（D/P·T/R）"。案例中的借单属于第一种做法。

惯例摘录

《URC522》

a. Collections should not contain bill of exchange payable at a future date with Instructions that commercial documents are to be delivered against payment.

b. If a collection contains a bill of exchange payable at a future date, the collection Instruction should state whether the commercial documents are to be released to the drawee against acceptance (D/A) or against payment (D/P).

In the absence of such statement commercial documents will be released only against payment and the collecting bank will not be responsible for any consequences arising out of any delay in the delivery of documents.

c. If a collection contains a bill of exchange payable at a future date and the collection Instruction indicates that commercial documents are to be released against payment, documents will be released only against such payment and the collecting bank will not be responsible for any consequences arising out of any delay in the delivery of documents.

案例4：开证人破产谁买单？

案情介绍：

出口商山东省青岛市金科贸易公司（以下简称金科贸易公司）与进口商美国KH公司于2019年3月5日签订小五金出口合同。合同中规定："THE BUYER SHALL OPEN AN IRREVOCABLE SIGHT LETTER OF CREDIT THROUGH A BANK ACCEPTABLE TO THE SELLER BEFORE MAY 5, 2019, AND THE SELLER SHALL DELIVER THE GOODS BEFORE SEPTEMBER 15, 2019。"2019年4月30日，金科贸易公司如期收到美国一商业银行开出的即期议付信用证。该信用证开证申请人为美国KH公司，受益人为金科贸易公司，贸易术语为CIF LOS ANGELES，装运港为QINGDAO PORT，卸货港为LOS ANGELES PORT USA，信用证有效期至2019年9月30日。金科贸易公司于2019年9月10日按信用证规定将货物装出，但尚未来得及向中国银行交单议付时，突然接到开证行通知，称美国KH公司所属建材商超已经倒闭，美国KH公司失去偿付能力，因此开证行不再承担付款责任。

知识点视频

案例解析视频

问题引导：

1. 开证行的拒付有无道理？
2. 出口公司应如何处理？

案例解析：

1. 信用证是一种银行信用。它是开证银行以自身名义独立地向受益人做出的一份付款保证书，保证在符合信用证条款的条件下，凭规定单据，有条件地承诺付款。《跟单信用证统一惯例600》（《UCP600》）第2条明确规定：信用证是一项约定，按此约定，凭规定的单据在符合信用证条款的情况下，开证银行自己或授权另一银行向受益人或其指定人进行付款，或承兑并支付受益人开立的汇票，或授权另一银行议付。因而，信用证开证银行的付款责任不仅是首要的而且是绝对的，即使开证人失去偿付能力，只要出口人提交的单据符合信用证条款，开证行也要负责付款。本案中，开证行因为美国KH公司失去偿付能力而声明拒绝付款很显然是无道理的。

2. 信用证是纯单据业务。按照《UCP600》的规定，"在信用证业务中，有关各方所处理的是单据而不是与单据有关的货物、服务及/或其他履约行为。"因此，只要受益人提交符合信用证条款的单据，开证行就应承担付款责任。金科贸易公司应按信用证的要求，认真谨慎缮制单据，继续向中国银行交单议付，由中国银行寄单，向开证银行索偿。只要保证"单证相符、单单相符"，开证行必须付款。如拒不付款可以声明保留起诉、通报总行等一切手段，并保留拒付导致损失索赔的权利（图6-4）。

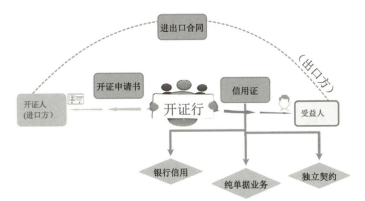

图6-4　信用证当事人关系与特点示意图

惯例摘录

《UCP600》

Credit means any arrangement, however named or described, that is irrevocable and thereby constitutes a definite undertaking of the issuing bank to honor a complying presentation.

Banks deal with documents and not with goods, services or performance to which the documents may relate.

Provided that the stipulated documents are presented to the nominated bank or to the issuing bank and that they constitute a complying presentation, the issuing bank must honor if the credit is available by…

案例5：失去"信用"的信用证

案情介绍：

2019年5月5日，青岛朗盛公司与香港KD公司达成一份床品出口的合同。合同规定：U/P：USD16.5/SET CFR HONG KONG, AMOUNT：USD99 000.00, SHIPMENT：BEFORE THE END OF SEP. 2019, 5% MORE OR LESS ALLOWED, PAYMENT：IRREVOCABLE L/C AT SIGHT.

5月底，青岛朗盛公司收到加拿大A商业银行开来的信用证，信用证的开证申请人为加拿大MT公司，目的港为加拿大蒙特利尔港，最迟装运期为当年9月30日，同时指定了该批货物的承运人，信用证有效期至10月15日。青岛朗盛公司收到信用证后，立即组织生产。由于库存面料未能全部达到香港KD公司的要求，最终床品数量出现短缺，错过了信用证规定的最迟装运期限。与香港KD公司沟通后，其出具了一份保函，保证买方在收到单据后及时付款赎单。青岛朗盛公司遂凭此保函发运了货物，并取得了10月8日的海运提单，后备齐全套单据

知识点视频

案例解析视频

递交中国银行进行议付。不久便收到开证行的拒付通知，理由是单证不符：①数量短缺；②提单日超过了信用证的最迟装运期。加拿大银行在指出单证不符后，并未等待青岛朗盛公司的进一步指示，就擅自将正本提单交给了进口方。

青岛朗盛公司收到开证行拒付通知，立即联系香港KD公司和加拿大MT公司，但二者都毫无音讯。一个月后，青岛朗盛公司收到加拿大MT公司传真，声称货物质量有问题，要求降价，方知由于开证行放单，货物已被提走。

问题引导：

1. 开证行的拒付行为和措施是否恰当？
2. 出口公司从本案中应吸取什么教训？

案例解析：

1. 根据《UCP600》的定义，信用证是指一项约定，无论如何命名或描述，约定不可撤销，并构成开证行对相符提示予以兑付的确定承诺。因此，信用证可以说是开证行与受益人之间的一份合同。对于凭以付款的单据，在受益人将全套单据按信用证要求交单后，开证行作为受益人的受托人有审单和保管义务。如有不符点，《UCP600》第16条规定，开证行确定提示不符时，应发出拒付通知，在通知中明确声明拒付，说明全部不符点，并持有单据等待提示人进一步指示或申请人同意接受不符点，而不应将单据寄交申请人，否则将无权宣称单据不符。案例中加拿大银行在指出单证不符后，未尽到对单据的妥善保管义务，并未等待青岛朗盛公司的进一步指示，而擅自将正本提单交给进口方，导致出口方要求退单时，无单可退，自己声誉受损。所以，由此导致的受益人损失也应由开证行承担。

2. 使用信用证结算，仔细审核并在有必要时及时修改信用证是保障出口商安全收汇的关键。案例中出口商青岛朗盛公司应从本案中吸取以下教训：首先，在收到信用证后，未进行仔细审核，对信用证中开证申请人和目的港的更改未提出异议，也未对开证行的信誉和既往放单习惯进行了解。CFR贸易术语成交，目的港的更改肯定会导致运费成本的增加，而缺乏对开证行的了解，可能使信用证项下付款无法获得保证，也不清楚其以前是否有过擅自放单行为。其次，在数量不足，错过船期后，没有及时通知开证人修改信用证，而轻信了香港KD公司出具的保函。这使一个相对安全的银行信用结算最终降级为商业信用（图6-5）。

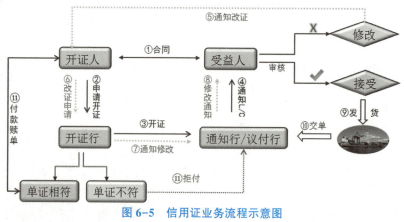

图6-5 信用证业务流程示意图

惯例摘录

《UCP600》

When a nominated bank acting on its nomination, a confirming bank, if any, or the issuing bank decides to refuse to honor or negotiate, it must give a single notice to that effect to the presenter. The notice must state:

i. that the bank is refusing to honor or negotiate; and

ii. each discrepancy in respect of which the bank refuses to honor or negotiate; and

iii. a) that the bank is holding the document pending further instructions from the presenter; or

b) that the issuing bank is holding the documents until it receives a waiver from the applicant and agrees to accept it, or receives further instructions from the presenter prior to agreeing to accept a waiver; or

c) that the bank is returning the documents; or

d) that the bank is acting in accordance with instructions previously received from the presenter.

案例 6：多措并举保安全

案情介绍：

2019 年 5 月 10 日，青岛远大贸易公司与沙特 Almaran 公司签约，向其出口一批纺织品，CIF Dammam 成交。鉴于 Almaran 是大客户，长期从远大公司批量采购床上用品等，为了给客户提供融资便利，合同拟采用远期信用证结算。同时，结合自身资金周转实际和货款安全，远大公司要求 Almaran 公司预付 30% 货款作为定金。最终合同的支付方式为："30% DEPOSIT T/T IN ADVANCE AND THE BALANCE OF 70% BY 90 DAYS USANCE L/C。" 2019 年 6 月 10 日，远大公司收到 Almaran 公司开来的信用证。来证对提单要求如下："THE DIRECT B/L MUST BE ISSUED DIRECTLY BY YANG MING MARINE TRANSPORT CORP., FCL-FCL. IT MUST HAVE THE WORD TEXTILES, CONTAINER NUMBER, INDICATE IF IT IS OF 20 FEET OR 40 FEET, SECURITY SEAL NUMBER, TOTAL PACKAGES OR ROLLS, IMPORT NUMBER, L/C NUMBER, GROSS WEIGHT。"远大公司审证无误准备发货，订舱时才发现，装运期内阳明海运从青岛到达曼港并没有直达船，为了保证按时装运只能使用其他船公司运输，而这肯定会造成"单证不符"。远大公司只好联系 Almaran 要求改证，Almaran 公司业务员以改证成本和长期客户为由惰于改证，声称"跟证托收"也可，公司保证付款赎单。多次商讨未果，考虑到长期合作关系，公司又已经投保中信保，远大公司再次与 Almaran 公司沟通，由 Almaran 公司再次电汇余款的 50%，保证生产成本后为其发运了货物。随后，由于单证不符，远大公司将信用证下单据交银行做了跟证托收，回收了全部货款。

知识点视频

案例解析视频

问题引导：
1. 案例中用到了哪些支付方式？你了解吗？
2. 如何看待远大公司在出口中对支付方式的选择应用？

案例解析：

1. 首先，案例中合同的支付条款使用了 T/T（电汇）和 L/C（信用证）支付。T/T 属于汇付的一种业务类型，是目前国际贸易中应用最广的支付方式，其手续简单、速度快、费用低，属商业信用。如进口商资信较好，T/T 是较为理想的结算方式。信用证（Letter of Credit，L/C）是开证银行以自身名义向受益人做出的一份承诺，保证在符合信用证条款的条件下，凭规定单据有条件付款。信用证付款以银行信用代替商业信用，开证行承担第一性付款责任，解决了进出口双方互相不信任的矛盾，是国际贸易中较安全的支付方式。按付款期限，信用证又分为即期信用证和远期信用证，案例中合同使用的是远期信用证（Usance L/C）。其次，由于单证不符，履约过程中远大公司又使用了托收支付方式。托收（Collection）是指出口方开具以进口方为付款人的汇票，委托出口地银行通过其在进口方的分行或代理行向进口方收取货款的一种结算方式，分光票托收和跟单托收。案例中使用的是跟单托收，跟单托收出口商先发货进口商后付款，风险较大，实际业务中常与前 T/T 结合使用（图 6-6）。

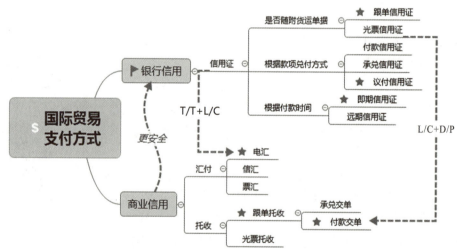

图 6-6　国际贸易常用支付方式示意图

2. 国际贸易货款的收付是国际贸易中的重要环节，选择合适的支付方式至关重要。结合上题，实务中可以选择的支付方式很多，但没有哪一种支付方式绝对安全，即使采用即期 L/C，也可能会面临难以做到的"软条款"或者各种原因的"单证不符"，导致开证行拒付。面对这一问题，唯有提高风险意识，降低结汇风险。案例中的出口商远大公司无疑有着较强的风险意识。第一，合同支付条款使用前 T/T+远期 L/C。作为长期客户的 Almaran 公司要求远期结算，考虑到信用证是国际贸易中相对安全的支付方式，远大公司选择了远期 L/C，而非其他货到付款，同时依然保证了 30% 的预付货款，支付方式非常安全。第二，装运前及时提出改证要求。在确定阳明海运没有直达船从青岛到达曼港后，为符合信用证"使用阳明海运签发直运提单"的要求，远大公司及时联系进口方提出改证要求。第三，预付货款比例控制得当。除了在支付条款中确定 30% 的定金比例，在进口方拒绝改证后，为了保障货款安全，再次要求进口方汇付余款的 50%，确保了货物的生产成本。即使剩余款项无法收回，也保证了此次出口不亏损。第四，出口业务投保信用保险。出于风险考虑，远大公司对长期合作的大客户都投保了中信保，即使货款无法收回，也有中信保买单。定金+一定比例的货款+中信保，成功为远大公司保障了货款的安全。

案例 7："小"过失可能引起大问题

案情介绍：

杭州艾尔奇贸易公司（以下简称艾尔奇公司）于 2019 年 3 月以 CFR CHITTAGONG 条件出口一批儿童自行车给孟加拉国 BYS 公司，远期信用证结算。信用证中规定："SHIPMENT ADVICE INDICATING THE NAME OF THE VESSEL, ETD AND ETA, CARTON NUMBERS, SHIPPING MARKS, VALUE AND QUANTITY OF GOODS AND L/C NUMBER MUST BE SENT TO APPLICANT BY FAX ON THE DATE OF SHIPMENT, COPIES OF TRANSMITTED SHIPMENT ADVICE ACCOMPANIED BY FAX TRANSMISSION REPORT MUST ACCOMPANY THE DOCUMENTS."（表明船名、装船日期、预计到达日期、箱号、唛头、货物金额和数量及信用证号码的装船通知，由受益人于装船日传真给开证人，装船通知副本及传真报告随附单据提交）。3 月 15 日艾尔奇公司装船完毕并发送了装船通知。3 月 18 日携带全套单据到中国银行杭州分行办理议付，中国银行审单发现装船通知为电子邮件打印版而非信用证要求的传真件，提示开证行会有拒付风险。与开证申请人沟通后，开证人表示可以接受不符点，要求立即寄单。随后议付行未作议付，将单据寄交孟加拉国开证行。但于 3 月 26 日收到开证行拒付通知，装船通知与信用证要求不符。艾尔奇公司再次联系开证人要求接受不符点。此时货物已到吉大港，买方建议为避免滞港费先承兑汇票取得单据，到期支付货款。考虑到以后的继续合作，卖方同意了买方的要求。买方遂提取了货物，汇票到期，卖方提示买方付款，买方以部分自行车挤压变形为由，要求卖方降价 5%。后经多次讨价还价，为尽快收回货款，以卖方降价 2% 而告终（图 6-7）。

知识点视频

案例解析视频

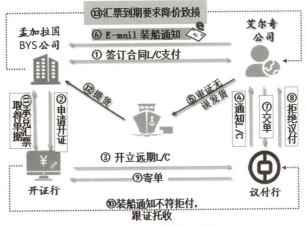

图 6-7　案情介绍示意图

问题引导：

1. 案例中开证行拒付是否有道理？出口商应吸取什么教训？
2. 如果单证相符，买方可否以货物瑕疵为由要求开证行拒付？

案例解析：

1. 案例中开证行的拒付是有道理的。按照《UCP600》的规定，"在信用证业务中，有关各方所处理的是单据而不是与单据有关的货物、服务及/或其他履约行为。""单单相符、单证相符"是信用证支付的基本原则。因此，只要受益人提交符合信用证条款的单据，开证行就应承担付款责任，反之，若受益人提交单据不符合信用证要求，开证行完全可以拒付。案例中，艾尔奇公司作为信用证受益人在发出装船通知时没有重视信用证对于装船通知的要式和发送方式，以电子邮件发送代替信用证中的传真发送，以电子邮件打印件代替传真发送报告交单，违反了信用证"单证相符"的要求。而严格审查与表面相符是UCP所坚持的基本原则，因此，开证行拒付是合理的。照例，如果议付行审单发现不符点，受益人是有可能及时改单再提交的。但本案中议付行发现装船通知要式不符时，已经超过了信用证要求的于装船日发送装船通知的日期要求，补救已然不及。这也提醒出口商使用信用证结算，应重视单据的要式要求，严格按信用证要求缮制单据，避免因小错铸成大损失。

2. 不可以。首先，信用证是独立的契约。根据《UCP600》的规定，作为开证行与受益人之间的一项约定，信用证一经开立，就独立于凭以开立的买卖合同，即使信用证中援引这些合同，银行也与之毫无关系并不受其约束。其次，信用证是纯单据业务。结合上题，银行是否支付完全根据"单单相符、单证相符"的支付原则，而与货物无关。银行的付款、承兑或议付不受申请人提出的与开证行或与受益人之间关系所产生的索赔或抗辩的约束。因此，只要单证相符，开证申请人不能以货物瑕疵为由要求开证行拒付，开证行必须按照信用证的约定向受益人支付款项。案例中，艾尔奇公司之所以蒙受损失，是因为装船通知与信用证要求不符，导致开证行拒付，解除了付款责任。此时，信用证已经失效，卖方能不能收回货款，完全取决于买方。卖方才会受制于人，不得不同意买方以货物瑕疵为由降价的要求，遭受损失。

惯例摘录

《UCP600》

A credit by its nature is a separate transaction from the sale or other contract on which it may be based. Banks are in no way concerned with or bound by such contract, even if any reference whatsoever to it is included in the credit. Consequently, the undertaking of a bank to honor, to negotiate or to fulfill any other obligation under the credit is not subject to claims or defences by the applicant resulting from its relationships with the issuing bank or the beneficiary. A beneficiary can in no case avail itself of the contractual relationships existing between banks or between the applicant and the issuing bank.

A nominated bank acting on its nomination, a confirming bank, if any, and the issuing bank must examine a presentation to determine, on the basis of the documents alone, whether or not the documents appear on their face to constitute a complying presentation.

案例8：信用证中的软条款

知识点视频

Case Description：

Tianjin Shenglu Trading Co., Ltd in China signed a contract with The ZnO Company in UAE to export sanitary equipment on June 10, 2019. The price term of the contract is FOB Tianjin, and total contract amount is US＄600,000. The contract payment clauses ran as follows："The buyer shall issue an irrevocable L/C at sight in favor of the seller, indicating L/C shall be valid in China through negotiation within 15 days after the shipment effected". On September 15, Tianjin Shenglu Trading Company received a letter of credit from the ZnO Company. The L/C stipulated that the port of destination is Dubai, the latest shipment date is October 31, 2019, the L/C expired until November 15, 2019, and the documents shall be valid in China through negotiation. The terms of the documents are as follows："THE SELLER SHALL PRESENT A RELEASE FOR SHIPMENT CERTIFICATE ISSUED BY FINAL BUYER'S QA INSPECTOR WHOSE SIGNATURE MUST BE IN CONFORMITY WITH L/C ISSUING BANK RECORDS…" As stipulated in the contract, the buyer will send a representative to inspect before the goods delivery, so the salesman of Tianjin Shenglu Trading Company thinks that there is no problem with L/C.

On October 30, 2019, Tianjin Shenglu Trading Company delivered goods as scheduled and obtained the delivery certificate. Then full set of documents under the L/C were presented to the Bank of China for negotiation. A week later, Tianjin Shenglu Trading Company received a notice of dishonor from the issuing bank, "Release for shipment certificate cannot be verified by the issuing bank." The beneficiary suspected that the issuing bank deliberately refuses to pay because the signature was actually made by the buyer's representative. After that, the negotiating bank entrusted local bank staff to the issuing bank for actual inspection and verification, and found that the signature didn't match the reserved seal. The beneficiary contacted the buyer immediately to find out the whereabouts of the goods, only to find out that the buyer had taken the goods away from the forwarder designated by them. The seller neither received the payment nor lost the goods finally.

Question：

1. How to understand the soft clause of L/C?
2. What lessons can be learned from the case?

Answer：

1. The soft clause of L/C is a clause with additional conditions for the validity of L/C, or requiring the seller to present documents that cannot be obtained. It refers to adding a clause in the irrevocable letter of credit to make the exporter unable to deliver goods on time, according to which the applicant or the issuing bank has the initiative to unilaterally release the payment responsibility at any time, that is, the buyer controls the whole transaction completely, whether or not the payment is completely determined by the buyer's will. In this case, the clause "The

seller shall present a release for shipment certificate issued by final buyer's QA inspector whose signature must be in conformity with L/C issuing bank records..." is a typical "soft clause" of L/C. Whether the exporter can get the signature or not depends entirely on the importer.

2. This case is a typical case involving soft terms of letter of credit. The soft clause of letter of credit always brings trouble to the beneficiary, which makes the beneficiary unable to get payment. However, due to the inherent disadvantages of letter of credit, the poor management of the exporter and the self-interest purpose of the importer, the soft clause of letter of credit is common in the practice of foreign trade. L/C with soft clauses is a very risky tool and often used by lawbreakers when they cheat. It not only weakens the normal position of L/C in international trade settlement, but also makes exporters suffer from heavy economic losses due to inexperience or negligence. As for the soft clauses of L/C involved in this case, the buyer made signature on the seller's document by the wrong person, which made the exporter fall into a passive position at their disposal. Therefore, identifying the "soft clauses" of L/C and amending them are the basic business skills of foreign trade salesman when payment with L/C. Only in this way, the beneficiary can avoid unnecessary losses. In addition, the seller should select the trading partners and the issuing bank carefully, pay attention to their credit investigation, enrich the knowledge of soft clauses of L/C, can distinguish soft clauses. More importantly, the beneficiary must be very strict in L/C examination.

Learn from the case, firstly, the beneficiary should ensure that the customer can't pick up the goods before receiving the documents without payment. "1/3 original bill of lading have been sent to the applicant" and so on are obviously soft terms; secondly, ensure that "the beneficiary's document without applicant's help", that is, the L/C does not stipulate what documents shall be signed and issued by the buyer. All documents shall be prepared by the beneficiary themselves, or issued by the official agency or another country. Any violation of this point can be regarded as soft terms, such as "buyer's inspection certificate" etc.

Common types of soft clauses are as follows (图 6-8).

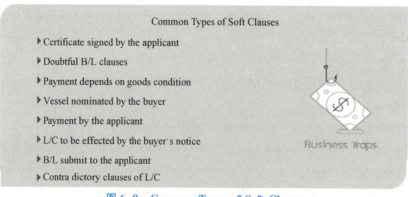

图 6-8　Common Types of Soft Clauses

> **思政小课堂**
>
> **增强风险意识　保证国家利益**
>
> 　　出口贸易中，货款的结算大于一切。在正式交易磋商前，要重视对交易对象的资信调查，防止上当受骗，避免钱货两空；交易中选择合适的贸易术语和支付方式，防范交易风险和信用风险；风险未知的情况下，充分利用货物运输保险和出口信用保险来规避风险。这要求未来的外贸业务员们，增加风险意识，严谨规范订立合同，认真细致履行合同，严格按照合同要求规范缮制、及时提交单据。尤其在信用证业务中，应严格做到单证一致、单单一致、单货一致，尽一切可能降低货款结算风险，保障国家利益和企业利益。

 **能力拓展实训**

班级	学号	姓名	成绩

基础实训 1：汇付为饵的商业诈骗

案情介绍：

我国某出口公司与尼日利亚一公司签订了一份出口纺织品的进出口贸易合同。合同规定：支付条款为装运月前 15 天电汇付款。但是尼日利亚公司延期至装运月中旬才从邮局寄来银行汇票一张，并声称货款已汇出。为保证按期交货，我出口企业于收到汇票次日即将货物托运，同时委托某银行代收票据。

一个月后，接到银行通知，银行汇票是伪造的，已被退票。此时，货物已抵达目的港，并已被进口方凭出口企业自行寄去的单据提走。事后我出口公司进行了追偿，但尼日利亚进口方早已人去楼空，我方承受了较大的损失。

实训任务：

1. 出口公司在本案中有哪些失误？
2. 如何理解汇付的特点？

_____
_____
_____
_____
_____

 **笔记区**

基础实训 2：警惕进口方指定代收银行

案情介绍：

我国青岛某外贸公司通过中间商介绍，向日本某会社以 D/P 见票即付方式推销柳编手工艺品，FOB 贸易术语成交。对方来函回复可接受我方报价，但需我方更改付款条件为 D/P 见票后 90 天付款，并通过其指定的日本某商业银行代收货款。我外贸公司遂委托中国银行就日本商业银行的资信情况进行调查。一周后收到中国银行资信调查报告，报告结论银行信誉良好，可以信赖。我外贸公司于当日回复日方，使用 CFR 贸易术语重新发盘，更改付款条件为 D/P 远期 90 天。次日，日方接受我方发盘。双方签订进出口合同。

实训任务：

1. 分析日方提出此项要求的出发点。
2. 我出口公司在本案中的做法有何借鉴意义？

 笔记区

基础实训3：发票不符致损案

案情介绍：

中国山东某出口公司以 CFR 价格条件向孟加拉国出售一批电子元器件，不可撤销即期信用证付款。货物按合同要求出运后，该公司通过议付行转交信用证单据至开证行。一周后，收到开证行拒付通知。理由是，商业发票上所列价格条件仅标注目的港名称，却未使用贸易术语 CFR。出口公司同议付行商议后，委托议付行向开证行交涉，说明提单上已注明"运费已付"，整套单据是符合 CFR 价格条件的。但开证行支持拒付，并将不符点通知开证人。适逢市场行情下跌，开证人以市况不佳为由，要求减价 10% 才能接受单据。几经交涉之后，开证行通知议付行称："The buyer insisted that only 90% of the invoice value could be made."信用证马上到期，为避免更大损失，出口公司先按 90% 收汇，未收部分继续与进口方交涉，但终未成功。

实训任务：

1. 分析开证行拒付是否有道理。
2. 我出口公司从本案中应吸取什么教训？

_____
_____
_____
_____
_____

 笔记区

能力进阶1："信用证+托收" 单据落入谁手？

案情介绍：

国内某公司与印度某公司商谈一设备出口合同。因为双方首次合作，中方坚持使用即期信用证付款，而印度公司态度坚决，坚持 D/P 即期，否则宁愿放弃合同。最终双方只好妥协，合同金额采用 50% D/P at sight+50% L/C at sight 结算。合同约定："THE BUYER SHALL OPEN AN IRREVOCABLE AT SIGHT L/C IN FAVOR OF THE SELLER BEFORE APRIL 30, 2019, WITH THE AMOUNT OF THE L/C BEING 50% OF THE CONTRACT VALUE, AND THE OTHER 50% OF THE CONTRACT PRICE SHALL BE PAID BY D/P AT SIGHT AFTER THE ARRIVAL OF THE GOODS." 4月30日，印方开立信用证，证中规定中方交单时应提供全套已装船清洁提单。审证无误后中方发货，并向议付行提交了全套单据。5月15日货物到达印度孟买港。印度公司向开证行付款赎单提取了货物，再无音信。中方通过银行托收的另 50%货款不了了之。

实训任务：

1. 本案中我方对支付方式的规定失误在哪里？
2. 多种支付方式结合还有哪些？应注意哪些问题？

笔记区

能力进阶2：两次拒付为哪般？

案情介绍：

某年5月，中国某贸易公司以CIF连云港条件凭信用证付款方式从巴西某公司进口一批一级巴西黄豆，中国公司通过中国银行开出一张不可撤销的信用证，证中规定："PRODUCT：SOYBEAN GRADE # 1 GMO, SUITABLE FOR HUMAN CONSUMPTION, STANDARD EXPORT QUALITY, PROTEIN：MIN 35%, MOISTURE CONTENT：MAX 13.5%, FOREIGN MATERIAL：MAX 2%, OIL CONTENT：MIN 18.5%…DOCUMENTS：FULL SET OF CLEAN ON BOARD OCEAN BILL OF LADING MADE OUT TO ORDER AND BLANK ENDORSED MARKED FREIGHT PREPAID. QUALITY CERTIFICATE MUST PROVE THAT THE OIL CONTENT IS NOT LESS THAN 18%. THE LETTER OF CREDIT IS VALID FOR NEGOTIATION IF CHINA UNTIL JUNE 25th."6月中旬，中国银行作为开证行收到议付行转交的单据，审单发现受益人提供的为不可转让的提单，提单日期显示6月1日，且无"运费已付"字样；品质证书仅注明含油量为20%。由于单证不符，中国银行通知拒付。后受益人又补交了符合信用证要求的单据，并于6月23日交至中国银行，中国银行再次拒收单据并拒付货款。

实训任务：

1. 受益人提交的议付单据有哪几处不符点？
2. 开证行第二次拒付有无道理，为什么？

 笔记区

项目评价反思

完成表 6-1 和表 6-2。

表 6-1　项目完成效果评价量级表

评价类别	评价项目	评价等级			
		😆	🙂	😞	😠
自我评价	对本项目知识的兴趣				
	本项目知识点的掌握情况				
	理解同伴的思路并积极交流				
	本项目学习得到的收获				
小组互评	积极参与小组讨论				
	积极查阅资料、提供分析依据				
	积极参与小组分工协作				
教师评价	语言表达能力				
	案例分析能力				
	积极发言				
综合评价					

表 6-2　风险识别与评估能力自测表

序号	风险点	评价等级			
		😆	🙂	😞	😠
1	汇票被拒付的风险				
2	商业信用与银行信用的风险等级				
3	汇付结算的信用风险				
4	前 T/T 预付货款的比例确定				
5	T/T 尾款的比例确定				
6	托收结算的信用风险				
7	D/P 远期与 D/A 的风险				
8	远期托收凭信托收据借单的风险				
9	信用证结算的风险				
10	信用证中开证行拒付的风险				
11	信用证结算中审证不严谨的风险				
12	信用证的"单证不符"				
13	信用证的三个重要期限"有效期、装运期、交单期"对交单的影响				
14	信用证中常见的软条款				
15	多种支付方式结合避免收汇风险的能力				
综合评价					

项目七　跨境电商业务纠纷

 项目导学单

项目七导学单			
学习目标	素质目标	• 遵纪守法、遵守国际惯例； • 尊重贸易对象国的习惯做法； • 具有良好的沟通能力和认真细致的工作作风	
	知识目标	• 熟悉跨境电子商务的发展现状； • 熟悉各主要 B2C 平台的特点； • 熟悉各平台的选品规则； • 熟悉常用跨境电商物流方式； • 熟悉常用跨境电商收款工具； • 掌握跨境电商出口交易前的准备； • 掌握跨境电商进口交易前的准备	
	能力目标	• 能正确根据各平台特点进行选品； • 能为跨境店铺注册准备相应材料和基本信息； • 能够选择适当的跨境物流方式； • 能够选择适当的跨境收款工具	
学习重难点	• 不同平台的选品规则； • 不同物流方式的选择； • 上架产品的注意事项		
建议学时	4 课时		
高频风险点提示			
• 对平台规则不熟悉导致选品违规； • 产品商标侵权导致被投诉； • 对收款工具的规则不熟悉导致钱货两空； • 货描不符纠纷的处理			
致未来外贸业务员的第 7 封信			
跨境电子商务作为外贸新业态，凭借其线上交易、非接触式交货和交易链条短等优势发展迅速，成为推动外贸发展的重要部分。面对跨境电商巨大的发展红利，更多卖家愿意参与到其中。但很多中小卖家因没有成功的经验可借鉴，以及对平台规则的理解不透彻、对跨境收款工具的使用不熟悉等引发了很多纠纷。我们应该从正确理解平台规则、平台特点以及选择合适的物流方式和收款工具等多个方面进行完善，顺利开展跨境电商业务，助力中国外贸的增长。			

项目导学单

基础知识全景图

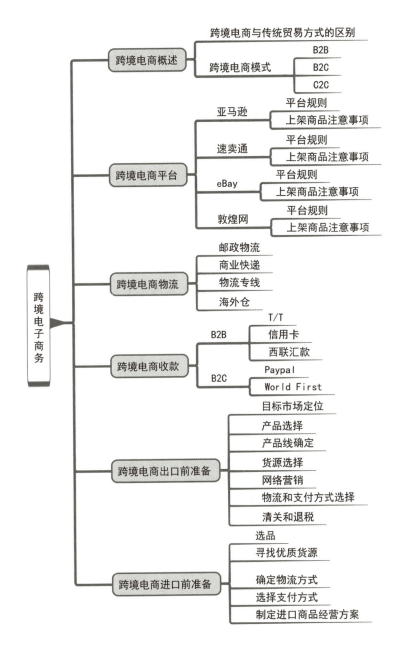

金桥业务漫漫谈之"跟卖"

Linda 在青岛金桥进出口公司已经工作了一段时间，部门经理安排她到新部门——跨境电商出口部工作。在熟悉了平台的规则后，Linda 开始配合部门同事展开具体的运营工作。但是整个过程并不是很顺利，Linda 最近就遇到了一个头痛的问题，她辛辛苦苦上架了一条女士真丝连衣裙，不久后却发现自己的图片和资料被其他卖家使用，并且产品价格更低，这是怎么回事呢？

导入案例（动画）

风险案例解读

案例 1：卡通人物也有"肖像权"

案情介绍：

苏州艾薇贸易公司开通了 Wish 店铺后一直在稳定出单。2019 年 3 月 1 日，运营员小李收到了平台发来的账户冻结邮件，原因是自己在 2019 年 11 月 27 日售卖了一个价值为 12 美元的佩奇猪拼图。而此时小李负责的公司的店铺还有 10 000 美元的货款。以下是小李收到的被冻结账户的邮件：

您已被指定为美国伊利诺伊州北部地区联邦地方法院提起的一项诉讼的被告。根据该诉讼中的一项命令，Wish 已被命令冻结您的商户账户，这意味着它将无法支付本应支付给您的资金。也意味着您将不能在 Wish 交易平台上发布销售产品。不过，到目前为止，您的店铺仍然可以继续销售不属于诉讼内容相关的产品。

小猪佩奇自播出以来，其内容和品牌所有者 Entertainment One UK Limited 获得了巨大的商业成功。但是让 Entertainment One UK Limited 头痛不已的是各路平台上销售的"侵权佩奇"。这次在 Wish 平台投诉售卖侵权产品的卖家也是他们在维权路上走出的重要一步（图 7-1）。

知识点视频

案例解析视频

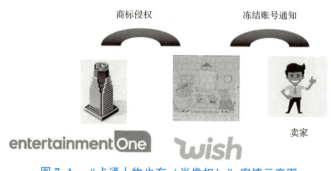

图 7-1 "卡通人物也有'肖像权'"案情示意图

问题引导：
1. 跨境电商卖家常见的侵权形式有哪些？
2. 跨境电商卖家应如何做好侵权的防控？

案例解析：

1. 跨境电商卖家常见的侵权类型（表 7-1）。

表 7-1　跨境电商卖家常遇的侵权类型

侵权类型	内容
商标侵权	没有得到产品品牌官方的正规授权，擅自使用对方的商标或 LOGO
发明专利侵权	发明专利是指发明人对发明的产品申请了专利保护，卖家未经允许不能擅自生产销售
外观专利侵权	外观专利指对产品的形状、图案、色彩或者其结合所做出的富有美感并适于工业上应用的新设计，外观专利有 60% 以上相似就视为侵权假货

本案例是卖家在没有得到产品品牌官方的正规授权，擅自使用对方的商标或 LOGO，属于商标侵权。对于知名品牌的产品，除非拥有品牌的授权，否则是不能售卖的。

2. 第三方卖家的应对措施。

对于卖家，在产品售卖前要认真检查自己的产品是否存在侵权（图 7-2）。

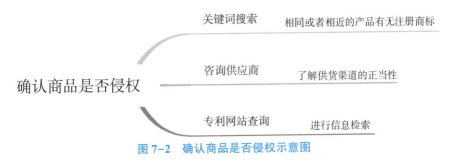

图 7-2　确认商品是否侵权示意图

首先，利用关键词在平台上搜索，查看有没有相同或者相近的产品，查看产品有没有商标权和专利权。

其次，以关键词对应的中文在国内的百度上搜索，看能不能找到关于产品的一些信息，去了解该产品是否侵权。

再次，多咨询几家供应商，看它们的产品是否独立开发，有没有专利，了解供货渠道的正当性。

最后，可以去目标国的专利网站查询。以美国外观专利查询为例，进入美国专利局网站进行信息检索查询是否已有相似产品申请专利。

案例 2：选品大有讲究

案情介绍：

上海新华进出口有限公司是传统外贸企业。最近公司老板决定发展业务至跨境电商平台。于是公司临时组建了一个 3 人的跨境电商业务团队。经过前期的平台调研以及目标市场分析后，该团队最终选择在速卖通平台出售宠物用品行业里的一个细分领域——

宠物电热毯。

经过了一个多月的发展，该团队发现所选的宠物电热毯确实有市场，产品销量非常可观。但是最近他们被客户投诉弄得焦头烂额，原因是一位美国客户的宠物电热毯着火了，幸亏人与宠物都没有受伤，但是此事的后续处理事宜让团队头痛不已。

案例解析视频

问题引导：

1. 卖家应如何选择平台？
2. 根据此案例，你认为在选品的时候应注意哪些问题？

案例解析：

1. 新手卖家选择平台应注意的事项：

（1）了解各平台特点（表7-2）。

表7-2 跨境电商平台特点

平台	特点
速卖通	适合产品符合新兴市场的卖家（俄罗斯、巴西等）； 产品有供应链优势，价格优势明显的卖家，最好是工厂直接销售
eBay	要有产品的地区优势； 操作简单，投入小，适合有一定外贸资源的外贸人
Amazon	要有很好的外贸基础和资源，包括稳定可靠的供应商资源、美国本土人脉资源； 卖家最好有一定的资金实力，并且有长期投入的心态
Wish	智能推送技术； 每次推送显示的产品数量比较少，这样对于客户体验来说非常好

（2）分析各平台优劣势（表7-3）。

表7-3 跨境电商平台优劣势分析

平台	优势	劣势
速卖通	新兴市场覆盖率广； 买家流量高； 平台交易续费率低； 丰富的淘宝产品资源	支付能力弱； 国际信誉度低； 客户服务专业水平低
eBay	品牌的国际影响力； 领先的全球市场覆盖率； 丰富的产品品类选择； 优质商家服务和保护体系，Paypal支付紧密结合	收费相对较高； 物流与供应链服务有待提高
Amazon	品牌的国际影响力； 优质的商家服务体系； 领先的国际物流仓储服务	中国市场启动较晚； 宣传力度不足； 支付能力弱
Wish	卖家入住门槛低； 平台流量大，成单率高； 利润率高于传统电商平台； 利用移动平台的特点与PC端展开差异化竞争	进入市场晚； 品牌影响力不大； 客户服务体系有待健全

(3) 查看各平台主营类目，确认所售品类是否在其列。

综合以上三点，可以对平台做出准确的选择。

对于新手卖家进入跨境电商领域，对选品的过程、参考数据等的把握非常重要，有利于提高选品成功率（图 7-3）。除此之外，卖家在选品时还应注意：

其一，对于有一定风险的产品，卖家需要具备最基本的产品质量把控意识，这样才能让客户放心。如果所售产品涉及高危类产品，一定要注意检查产品的相关认证以及合格证。如果在产品安全质量不达标的情况下，一定要及时通知工厂更换商品，避免风险。只有有品质保障的产品才更值得消费者信赖。

其二，团队在管理上存在欠缺，公司采购流程不健全，采购高危产品却没有相应的采购合同去约束各自的责任、义务，后续的追责会面临重重障碍。

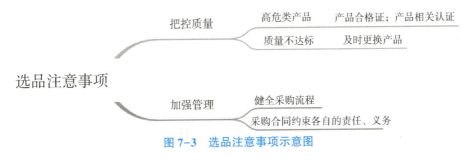

图 7-3　选品注意事项示意图

案例 3：被冻结的亚马逊账号

案情介绍：

从 2020 年 2 月份开始，包括意大利在内的西方国家新冠肺炎疫情开始蔓延。于是口罩等防疫物品在亚马逊等平台成了紧俏商品。有不少中国卖家，通过第三方代理平台实现了平台类目的过审，开始进行防疫物资的销售。

知识点视频

案例解析视频

小张所在的青岛市金科贸易公司，因为之前在亚马逊平台经营的家居品类的产品销量下滑，刚好周边有口罩工厂资源，于是从 2 月初开始在自营的亚马逊店铺进行口罩销售。随之而来的是大量的订单和回款。正当他们高兴之际，在 2020 年 4 月 23 日，他们的亚马逊账号遭到了冻结，涉及冻结金额有 300 多万元人民币。

据小张介绍，他们的确曾在 3 月底接到亚马逊官方电话，只允许生产型公司在平台销售口罩，若要售卖口罩等物资，需提供相关资质。但是因为当时通过"特殊"途径经过类目审核，所以并没有在意平台的通知。

据亚马逊官方发布的消息，为解决口罩价格上涨的现象，平台已经删除了 53 万个基于冠状病毒价格欺诈的高价商品，并且关闭了 2 500 多个亚马逊账户。

问题引导：

1. 金科贸易公司的亚马逊店铺为何被封？

2. 亚马逊平台卖家应如何防止账号被封？

案例解析：

1. 亚马逊平台在疫情爆发之后发布了"只允许生产型公司在平台销售口罩"的规定，并于4月27日发布《亚马逊医疗防疫高需用品及合规指南》，对商品条目展示和卖家资质作出了详细规定，并列出各国产品合规政策。

金科贸易公司的店铺被封是因为没有符合平台的规定。

2. （1）了解亚马逊商业原则的基础。卖家在入驻亚马逊之前要熟悉平台的各项规则。运营过程中应严格遵守亚马逊的条款和规则。

（2）认真对待绩效指标。亚马逊的考核绩效是很严格的，因为这是亚马逊对消费者的一种承诺，亚马逊把买家的消费体验永远放在第一位。

（3）密切关注产品页面（listing）。由于多个卖家可以在亚马逊上提供相同的产品，及时优化、升级你的产品页面，以确保做得比同行好。有时你的产品页面会被竞争者恶意篡改，所以时刻关注你的产品页面信息。

案例4：不容小觑的 PayPal 收款风险

案情介绍：

浙江易尚进出口有限公司（以下简称易尚公司）在阿里巴巴平台销售儿童电话手表。2019年夏初，有个中东的A公司发来询盘，要求报价1 000个儿童电话手表并发货到它们杭州货代那边，并发了具体的联系方式跟地址过来。易尚公司拿到货代信息后检查了一下是杭州货代MAT，反复与杭州货代MAT那边确认货物是否可以发出，杭州货代MAT回复可以发。于是双方谈妥后，易尚公司把货发到客户指定的杭州MAT货代那里，A公司通过PayPal付款过来。

知识点视频

案例解析视频

一个月后，A公司说他那边还没有收到货，易尚公司立马联系杭州MAT货代，货代那边回复由于货物带电不能发出，已将货物在杭州销毁。与此同时，A公司向PayPal投诉货物没有收到，PayPal立案调查。由于杭州货代说他们没有跟易尚公司签订任何的交易协议，无法提供销毁证明。易尚公司虽然向PayPal后台提供已经成功把货物发出去的证明，以及在该跨境电商平台上与客户沟通记录等，但由于PayPal偏向于维护买方的权益，加上易尚公司没有办法提供货代的销毁证明，最终PayPal不接受易尚公司的申辩，冻结了公司的货款，导致钱货两空。

问题引导：

1. PayPal 为何同意退款给买家？
2. 跨境电商卖家应吸取什么教训？

案例解析：

1. 该案例属于PayPal对买家的保障中的"买家未收到物品"类型（表7-4）。

买家向PayPal投诉付货款后没有收到货物，PayPal一般会要求卖家提供"送达证明"来证明卖家已经发货。PayPal规定，"送达证明"是指货运公司提供的在线文件，该文件应包含以下全部内容：物品的送达日期，收货人地址，至少要显示"市/县/州"或邮政编码。如果付款金额达到或高于 750 美元，则应提供"签名确认"，可以在货运公司网站上查看在线文件，表示物品已送达签收。

表 7-4　PayPal 买家保障计划

项目	内容
"物品未收到"补偿申请	未收到卖家寄送的物品
"与描述显著不符"补偿申请	物品与卖家的描述存在本质上的差异 收到了一件完全不同的物品 未如实描述物品的状况。例如，物品描述为"新物品"，但其实是二手物品 物品是作为真品宣传的，但其实并非真品（即假冒产品） 物品缺失主要部件或功能，但您购买时，物品描述中并未披露这些事实 购买了一定数量的物品，但并未收到全部物品 物品在运送过程中严重损坏 当收到物品时，物品并不可用，但事先并未收到通知

本案例中，买卖双方没有签订书面合同。而且，卖家是按照买方的聊天工具上的要求把货物送到杭州货代 MAT。PayPal 从表面来判断，卖家送货的地址是杭州货代 MAT，与买家的实际地址不符，因此认为卖家没有履行送货义务。

2. 防范通过 PayPal 收货款所带来风险的对策（图 7-4）。

（1）出口商要仔细了解 PayPal 的有关规则及可能带来的风险。出口商在使用 PayPal 来收取货款之前，要了解 PayPal 的相关规则。

（2）出口商必须与买家签订书面合同，把送货地址明确规定在合同里。发货后要保存好相关的发货记录和签收记录。鉴于 PayPal 对买家的保障措施，即买家可以向其投诉收不到货物，PayPal 收到投诉后会要求卖家提供"送达证明""签名确认"的规则。

（3）出口商合理保留 PayPal 账户的余额。避免太多余额留存在 PayPal 账户中，减轻被 PayPal 冻结时的被动。

图 7-4　防范通过 PayPal 收款所带来风险的对策

案例 5：货描不符纠纷案

案情介绍：

青岛贸利进出口有限公司决定继续开拓多平台运营。经过前期的考察，在 2019 年 5 月入驻了敦煌网销售消费类电子产品。

知识点视频

前两天有一个美国的买家在店铺购买了一款蓝牙耳机产品。小周及时处理订单并以 FedEx 快递发出，5 天之后，小周收到回执快递已送达。当小周登录平台查看订单状态的时候，他看到该买家以蓝牙耳机声音太小"货物与描述不符，货物无法正常使用"的理由对此笔订单提出退款要求。

案例解析视频

看到买家陈述的理由后，小周第一时间做出了回复，清楚地说明蓝牙耳机在发货前全部都经过测试，并且保证没有质量问题，并对买家提到的蓝牙耳机声音问题做出了专业的使用指导，告诉他蓝牙耳机上有一个专门的按钮，是用来调节音量大小的，请买家仔细阅读说明书并再次调试。小周还提出进一步解决方案：如果买方依然认为蓝牙耳机的音量有问题，烦请将相关证据发到指定邮箱，以便能及时确认问题和解决纠纷。

但是过了 4 天，买家一直没有提供证据，店铺负责客服的工作人员仍然密切跟进这个订单，主动跟买家联系表示到目前为止都尚未收到任何显示蓝牙耳机有问题的证据，无法确认产品问题的真实性，不接受退款的要求。

最后，买家向敦煌纠纷处理系统提交了几张他收到的蓝牙耳机图片作为货物与描述不符纠纷的证据。同样，小周也提交了蓝牙耳机发货的单据、检验合格证和站内信里跟买家沟通的截图。纠纷升级到平台之后，敦煌平台因买家提供的证据不足，裁决该纠纷不予退款，纠纷关闭，正常放款（图 7-5）。

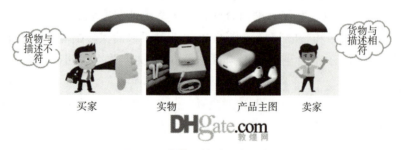

图 7-5 货描不符纠纷案示意图

问题引导：

根据此案例，请回答在敦煌网销售消费类电子产品应如何应对与描述不符的纠纷？

案例解析：

应从以下三个方面展开（图 7-6）：

（1）售前深度掌握产品知识。深度掌握消费类电子产品知识，即一方面包括对产品本身研发设计、制作工艺、生产流程、功能卖点、产品质量检测、包装、成品存储、运输和出售各环节的专业知识；另一方面还包括不同国家对于消费类电子产品的不同需求。在全方位了解产品的基础上，才能制作出兼具正确性、真实性、完整性、专业性的

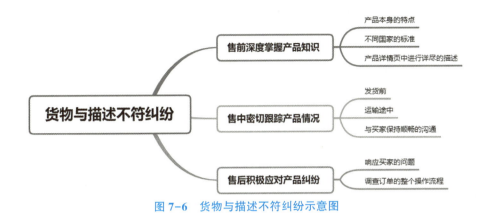

图7-6 货物与描述不符纠纷示意图

高质量产品详情页，充分展示上架销售的消费类电子产品的功能、配置、技术参数、规格、操作方法、常见故障应对等商品属性的同时，对于容易产生纠纷的关键点，比如产品的地区适用性、配件的兼容性，配件是否需要单独付费购买等，必须在产品详情页给买家做出突出提醒，从交易的源头避免买卖双方对于产品存在分歧性的理解，有效控制货物与描述不符的纠纷产生。

（2）售中密切跟踪产品情况。从发货前，货物在运送途中，最后妥投买家确认收货，每个环节都要密切跟踪，并且与买家保持顺畅的沟通。一方面及时告知买家产品的实时情况，另一方面也可以及时了解买家对于货物的反馈，快速应对买家的投诉，避免升级到平台纠纷。对于功能性很强的消费类电子产品来说，尤其要注意发货前、发货后、签收后三个重要的时间节点。

（3）售后积极应对产品纠纷。买家开启纠纷时，一方面需要毫不迟延地响应买家的问题；另一方面需要全面深入调查订单的整个操作流程，找出问题所在，明确责任。对于买方责任的纠纷，作为卖方只需要向敦煌平台提交包括站内信截图、各种拍照留存的图片在内的详尽有力的证据，等待平台裁决即可。

> **思政小课堂**
>
> ### 遵守规则　诚信交易
>
> 跨境电子商务活动涉及广泛、复杂的平台规则及法律法规，而这些规则及法律是促进其持续健康发展的重要保障。在跨境电商业务中，外贸业务员在前期的选品分析中，应该正确理解平台规则，规避平台禁止销售的品类，并针对平台特点选择适销的产品；在运营过程中，要做到实事求是，不夸大宣传，遵守商业规则，维护商业信用。要选择合适的物流方式和收款工具，熟悉各种收款工具的买家保障措施，避免卖家陷入被动的局面，减少风险，化解纠纷，从根本上实现自我保护并尊重消费者的合法权益，顺利开展跨境电商业务。

能力拓展实训

班级	学号	姓名	成绩

基础实训 1：eBay 平台侵权账号冻结案例

案情介绍：

2017 年 4 月 5 日，eBay 平台卖家 Elsa 收到了平台发来的账户冻结邮件，原因是自己在 2017 年 1 月 27 日售卖了一个价值为 11 美元的狗狗磨牙棒。而此时 Elsa 店铺还有 12 000 美元的货款。

原来是因为 Elsa 店铺销售的这款磨牙棒的设计抄袭了 A 品牌磨牙棒。此次被冻结店铺的不只是 Elsa，A 品牌磨牙棒通过 FERENCE 律所冻结了 102 个亚马逊店铺和 114 个 eBay 店铺。eBay 平台卖家被告，放款被暂停，只有和解后才能恢复。

实训任务：

1. 跨境电商卖家常见的侵权形式有哪些？
2. 跨境电商卖家应如何做好侵权的防控？

_____
_____
_____
_____
_____

笔记区

基础实训 2：跨境电商进口品牌侵权案

案情介绍：

2015 年 5 月，意大利奢侈品品牌古驰的母公司开云集团对阿里巴巴集团提出"助推假冒品牌商品销售"的控诉，称淘宝店家标价 2 美元一个的古驰包，正品标价则是高达 795 美元，但是阿里巴巴否认了指控。2016 年 8 月 4 日，法国开云集团旗下的古驰、伊天圣罗兰联合控诉阿里巴巴和 14 家公司在其电商平台上销售假货，指控被告共同成立公司在网上销售假冒的古驰手提包，所销售的价格为 18.99 美元，而正品的价格为 1 250 美元，随后以证据不足被美国纽约南区法官驳回了。

2018 年 10 月 16 日，根据英国《金融时报》报道，古驰 CEO 马可·比扎里在上海举办的一场会议上表示，由于多数电商平台存在大量假货问题，古驰在中国市场不愿意与阿里巴巴、京东运营的电商平台合作。

问题引导：

我国跨境电商平台应如何应对品牌侵权诉讼的危机？

_____
_____
_____
_____

基础实训 3：扭扭车专利侵权案例

案情介绍：

2019 年 12 月 12 日，亚马逊决定对其平台上销售的中国产的高达 95% 的扭扭车产品强制下架。

本次案例中扭扭车的专利涉及三方，美籍华人 A 是其中一方，于 2018 年 5 月 27 日获得专利。此次提出专利侵权的是 B 公司，已于 2019 年 11 月底，以 1 000 万美元从 A 处获得扭扭车在美国的独家销售权。杭州 C 公司是另一方，于 2018 年 12 月 10 日获得专利。提出扭扭车概念的是 A，他以草图的形式向人们展示了扭扭车的构成，但真正把这个创意实物化的是杭州的一位大学老师，他用机械调节平衡代替了自动调节平衡，同时他也在中、美两国申请了扭扭车的相关技术专利和外观专利，并且组建杭州 C 公司。将生产授权给许多深圳的工厂，他利用专利获利包括两个方面：一是授权费，生产这种扭扭车的厂家需向他交付 10 万元的授权费；二是授权标签费，即每销售一台产品，他盈利 10 元。

这次被亚马逊下架产品的一部分企业是已经付给 C 公司授权费和授权标签费的企业。而同年 12 月 12 日，B 公司的律师将投诉交付于亚马逊平台，要求全部下架亚马逊平台上未经自己授权的扭扭车。

实训任务：

出口企业要吸取哪些教训？

_____
_____
_____
_____
_____

 **笔记区**

能力进阶1：速卖通平台解决买家纠纷

案情介绍：

速卖通是阿里巴巴旗下的跨境小额外贸在线交易平台。巴西客户的购买力在速卖通平台上表现得非常强劲。但是卖家95%以上纠纷都来自巴西。

速卖通巴西买家的纠纷，主要可分为两大类：一是未收到货物；二是收到货与约定不符，如货物与描述不符、质量问题、货物破损、货物短装等。除此以外，巴西海关是出了名的严格，清关率低。这也严重挫伤了中国外贸出口商对巴西出口产品的积极性。

实训任务：

要避免和解决速卖通平台上中巴之间的贸易纠纷，速卖通卖家应该如何做呢？

_____
_____
_____
_____
_____

笔记区

能力进阶 2：被侵权的商标

案情介绍：

青岛大生贸易有限公司（以下简称大生公司）是一家跨境电商企业，主营产品为家纺产品，在 eBay、速卖通等平台开展业务。2017 年 5 月 7 日，通过商标许可的方式，从商标权人张某某处取得"YEARICH"注册商标的独占使用权，同时通过支付高额转让费依法受让取得该商标，并已向商标局提出转让申请。该商标的核定使用商品范围包括窗帘、地垫等，专用权期限为 2017 年 5 月 9 日至 2027 年 5 月 9 日。大生公司发现，日照云裳工艺品厂（以下简称云裳公司）未经其授权，擅自在其经营的阿里巴巴网店日照 B 工艺品厂售卖带有"Yearich"标识的家纺产品，并且以低价销售，恶意竞争，大生公司多次要求日照 B 工艺品厂停止商标侵权，但未果。

2017 年 12 月 1 日，大生公司向山东省青岛市人民法院提起诉讼，请求法院判令云裳公司立即停止生产、销售以及许诺销售侵犯原告独占使用的"Yearich"注册商标专用权商品的行为，赔偿经济损失及因制止侵权行为所支付的合理费用共计人民币 10 万元。法院依法冻结了云裳公司经营者的支付宝账户存款 10 万元，并依法组成合议庭，于 2018 年 3 月 13 日适用普通程序对该案件进行了审理。

法院经审理查明：张某某系"YEARICH"注册商标专用权人。2017 年 5 月 7 日，张某某将该商标有偿转让给了大生公司，双方向商标局提出商标权转让申请。云裳公司未经大生公司同意，在其家纺产品上使用"Yearich"标识，经比对，"Yearich"商标与"YEARICH"商标仅在字母大小写上有区别，足以使相关公众对商品的来源产生误认，法院认定构成相同，云裳公司生产、销售被诉侵权产品的行为已构成对商标专用权的侵犯。

实训任务：

根据此案例，请分析跨境电商卖家应如何避免商标侵权。

项目评价反思

完成表 7-5 和表 7-6。

表 7-5 项目完成效果评价量级表

评价类别	评价项目	评价等级			
		😀	🙂	😞	😵
自我评价	对本项目知识的兴趣				
	本项目知识点的掌握情况				
	理解同伴的思路并积极交流				
	本项目学习得到的收获				
小组互评	积极参与小组讨论				
	积极查阅资料、提供分析依据				
	积极参与小组分工协作				
教师评价	语言表达能力				
	案例分析能力				
	积极发言				
综合评价					

表 7-6 风险识别与评估能力自测表

序号	风险点	评价等级			
		😀	🙂	😞	😵
1	如何在速卖通平台进行选品				
2	如何在亚马逊平台进行选品（高频）				
3	如何在 Wish 平台进行选品				
4	跨境电商侵权的处理（高频）				
5	上架产品的注意事项				
6	正确选择跨境物流方式减少风险				
7	正确选择跨境电商支付工具减少风险				
8	跨境电商出口交易前的准备				
9	跨境电商进口交易前的准备				
综合评价					

项目八 其他贸易方式纠纷

项目导学单

项目八导学单			
学习目标	素质目标	• 直面商业风险，不回避交易中面临的难题； • 重视维护商业信用； • 细心对待复杂贸易方式和合同条款	
	知识目标	• 熟悉服务贸易、寄售、拍卖、代售和加工贸易的基本概念； • 熟悉公约对其他贸易方式的应用； • 掌握寄售、拍卖、代售和加工贸易的相关国际惯例	
	能力目标	• 能正确理解服务贸易、寄售、拍卖、代售和加工贸易的基本流程； • 能正确理解寄售、拍卖、代售和加工贸易的风险； • 对于不同种类的产品，能正确运用寄售、拍卖、代售和加工贸易方式	
学习重难点	• 不同贸易方式的注意要点； • 不同贸易方式面临的实际风险； • 如何灵活运用多种贸易方式加快市场推广； • 不同贸易方式与其他贸易条件的联系		
建议学时	2 课时		
高频风险点提示			
• 买卖双方误解贸易方式含义带来的纠纷； • 不法分子利用特定贸易方式进行诈骗的风险； • 对不同贸易方式理解不足冒进特定市场的风险； • 与其他贸易条件之间的矛盾形成冲突； • 不适用国际惯例与公约带来的风险； • 不能灵活运用贸易方式错失市场机会的损失			
致未来外贸业务员的第 8 封信			
在深入了解关于常规进出口业务的风险之后，我们已经对合同条款的制定、贸易条件的选择以及各种潜在的风险有了一个清晰的思路，在本项目中我们将会具体了解各种其他贸易方式的基本知识、使用要点以及潜在风险。在实际业务中，灵活运用多种贸易方式可以使我们能够及时抓住商机、快速占领市场。但如果对于贸易方式的理解不足、不能及时把控风险，就会导致买卖双方的贸易纠纷、带来信用和经济的双重损失。所以，正确理解和灵活运用贸易方式不仅可以规避不必要的贸易纠纷，而且有助于提高效益、降低风险，促进外贸业务的高质量发展。			

项目导学单

基础知识全景图

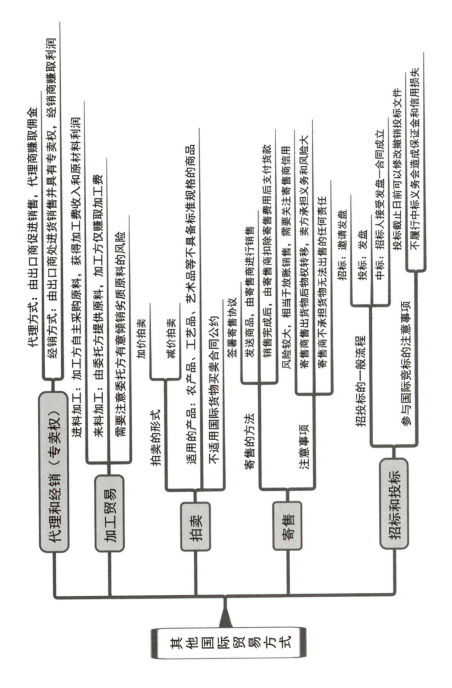

金桥业务漫漫谈之"寄售"

导入案例
（动画）

青岛金桥公司的业务员 Linda 最近很苦恼。随着中欧班列运输运力增强，运输成本大幅降低，公司主营产品在中亚和东欧的市场正在逐步打开，很多公司都在试图进军新的市场。为了在竞争中占得先机，金桥公司高层也下达了寻找开发中亚客户的任务，Linda 最近一段时间一直在反复与一位乌兹别克斯坦的客户沟通，客户是当地一家规模较大的综合性仓储物流运营商，每月商品流量比较大，但客户坚持使用寄售方式交易。

Linda 认为寄售可能是让产品快速进入乌兹别克斯坦的一个好机会，但她也清楚寄售方式的风险，如果使用寄售方式，只有客户售出商品之后才能回款，如果公司的产品在当地没有市场，那么公司会面临巨大的损失。Linda 正面临着艰难的选择。

 风险案例解读

案例1：拍卖交易适用公约吗？

案例解析视频

案情介绍：

荷兰商人 A 委托一家德国拍卖商 B 拍卖一幅梵高的油画。双方约定，将拍卖所得的 80% 作为油画的价格支付给卖方 A 公司。在拍卖会中，该油画被参与竞拍的另外一家拍卖商 C 拍得，C 准备在一次国际性的拍卖会上对这幅油画再次进行拍卖。当 C 商将油画拿到该国际拍卖会进行专家鉴定时，被专家告知该油画不是梵高的真迹，不能作为梵高的作品参与拍卖，价值将大打折扣。因此 C 商宣告他同 B 商之间的拍卖合同无效，要求退还油画和拍卖款，随即 B 商要求荷兰 A 商返还他支付的 80% 的拍卖款（图8-1）。法院在解决该项争议时适用了公约的有关规定。

问题引导：

试问法院对于此案例的解决适用公约是否正确？

案例解析：

不正确。经由拍卖的销售不适用于公约。根据《联合国国际货物销售合同公约》第二条："本公约不适用于以下的销售：①购供私人、家人或家庭使用的货物的销售，除非卖方在订立合同前任何时候或订立合同时不知道而且没有理由知道这些货物是购供任何这种使用；②经由拍卖的销售；③根据法律执行令状或其他令状的销售；④公债、股票、投资证券、流通票据或货币的销售；⑤船舶、船只、气垫船或飞机的销售；⑥电力的销售。"其中包括经由拍卖的销售，本案例中发生纠纷的 B 商和 C 商交易属于拍卖，不属于公约的约束范围，不应该适用公约来解决纠纷。

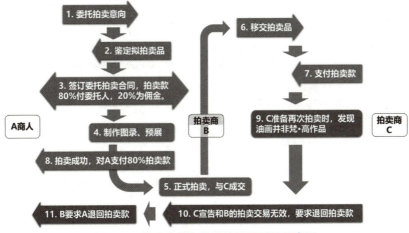

图 8-1　拍卖交易与公约的适用纠纷示意图

惯例摘录

《The United Nations Convention on Contracts for the International Sale of Goods，CISG》Article 2

This Convention does not apply to sales：

（a）of goods bought for personal，family or household use，unless the seller，at any time before or at the conclusion of the contract，neither knew nor ought to have known that the goods were bought for any such use；

（b）by auction；

（c）on execution or otherwise by authority of law；

（d）of stocks，shares，investment securities，negotiable instruments or money；

（e）of ships，vessels，hovercraft or aircraft；

（f）of electricity.

案例 2：投标文件可以撤销或修改吗？

案情介绍：

A 公司拟参与叙利亚某公司的采购招标，以推销某商品。2012 年 3 月，A 公司购买了叙商的全套招标文件。文件规定：投标截止日期为当年 6 月 30 日。为了中标，A 公司组织专班进行了投标的准备工作，经过一个多月的努力，A 公司按要求编制出投标文件并于 4 月下旬寄出，同时按招标文件的规定交纳了投标保证金 2 000 美元。5 月中旬，国内市场生产该商品的原材料大幅涨价，A 公司投标文件中所报价格明显偏低，如果中标，则会给 A 公司造成很大损失。于是，立即与叙商联系，要求修改标书，提高报价。叙商以标书已送达为由，拒不接受 A 公司要求，经多次协商未果。至 6 月中旬，该原料价格仍在

案例解析视频

上涨，鉴于按原报价已不可能与叙商交易，6月下旬，A公司被迫通知叙商，宣布撤销投标文件。结果，叙商没收了A公司交纳的投标保证金2 000美元（图8-2）。

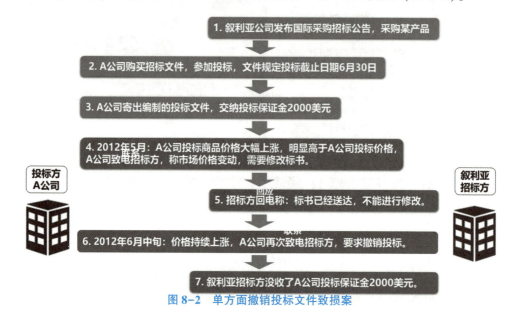

图8-2 单方面撤销投标文件致损案

此次交易历时3个月有余，A公司不仅一无所获，还损失了保证金，同时给公司信誉也带来了不良影响。

（改编自：袁永有、柏望生，《国际贸易实务案例评析》，湖北人民出版社）

问题引导：

国际采购招标对于投标人修改标书的一般做法是什么？

案例解析：

虽然招标、投标贸易方式与一般交易环节不同，但我们可以将招标人发出招标文件的行为视作邀请发盘，投标人寄送投标文件视作发盘，而开标、决标则视作接受。这个磋商过程中，投标与开标（宣布结果）是两个主要环节，构成合同的有效成立。为了防止投标人中标后拒绝签订正式的商品购销合同，或单方面撤销发盘，通常要求投标人在寄送投标文件的同时交付商定数量的投标保证金。

上述案例的问题是A公司在6月30日以前，对所寄送的投标文件是否有权修改；作为发盘的投标文件，在送达招标人后能否被撤销；有条件撤销投标文件后，所交纳的投标保证金是否应该退还。

根据招标、投标业务的一般做法，投标文件的生效是从投标截止日期起算，在此之后，至开标前，均被视为投标文件的有效期。在有效期内，任何人无权修改、变更或撤销投标文件。

如《国际复兴开发银行贷款和国际开发协会信贷采购指南》（以下简称《采购指南》）规定："招标人不应要求或允许任何投标人在第一个标书开启时再对投标文件进行任何变更。"然而，投标文件生效前，投标人是否有权修改变更投标文件呢？通常招标人都在招标文件中明确规定，允许投标人在投标截止日期前修改或变更其投标文件内容。

如我国财政部编制的《世界银行货物采购国际竞争性招标文件》（以下简称《文件》）第21.1款规定："投标人在提交投标文件后可对其投标文件进行修改或撤销，但买方须在提交投标文件截止日期前收到该修改或撤销的书面通知。"据此分析，在投标截止日前，投标人是有权修改、变更或撤销投标文件的。

可是在本案例中，叙商的招标文件中对此问题没有按照《采购指南》的精神和一般习惯做法对投标人是否允许更改标书和保证金是否可以索还做出相应的规定，A公司分析招标文件时也未对此提出异议，从而使A公司失去了有条件撤销、修改投标文件和索还投标保证金的权利，最终造成损失。

案例3：谁为寄售的损失买单？

案情介绍：

2010年11月，我国A公司与日本B公司签署寄售协议出口切花。协议约定：

案例解析视频

THE CONSIGNER SHOULD DELIVER TWO BATCHES OF GOODS FOR EACH WEEK, 2×20GP FOR EACH BATCH. CONSIGNMENT FEE IS 7% OF THE TOTAL SALE DURING THE 6 MONTH CONSIGNING PERIOD. IMPORT CLEARANCE SHOULD BE HANDLED BY THE CONSIGNEE. TARIFF AND OTHER COST FOR IMPORTING THE GOODS SHOULD BE PREPAID BY THE CONSIGNEE AND WILL BE DEDUCTED FROM THE SALES OF THE GOODS.（每两周交一批货，每批两个20尺标准集装箱，寄售手续费为销售额的7%，协议期六个月，货物的进口清关手续由B公司代为办理，并垫付所产生的税费，所垫付费用日后在货物销售款中扣减。）

12月初开始，A公司每两周发货一批，装运港为厦门，目的港为东京。直至2011年2月下旬，该出口项目运行正常。2011年3月10日，A公司4 000枝的鲜菊花分装两个标准箱，再次在厦门完成装船。11日，日本东北部海域发生强烈地震。12日，海轮离港，14日抵达日本东京港。

此时，地震对东北部造成的巨大灾害以及影响已经开始波及全日本，考虑到该批花卉将面临销售困难，B公司不予清关提货，并建议A公司：将此批花卉运回。A公司未接受B公司建议，随即通知承运人将货物暂存东京港口仓库，希望灾害过去此批货物还可获得销售收入。然而直至3月下旬，灾害影响日益严重，此批切花市值一再下跌。A公司于是与B公司协商寻求帮助，B公司称其由于地震影响，不能再对此批货物承担任何协助处理义务，面对此情，A公司束手无措。3月26日，承运人最后通牒：要求A公司授权处置货物并承担费用。面对继续产生的费用损失，对承运人的不断催促，A公司选择了逃避并拒绝支付运费。

2011年6月，承运方将A公司告上法庭，提起诉讼，请求赔偿其为此批货物善后处理垫付的货物仓储费、垃圾清理费、劳务费以及海运费等共计人民币 11 万元。此案不仅造成了 A 公司整批货物的全部损失，又使其面临承运方诉讼（图 8-3）。

(改编自：王正华、陈广. 寄售贸易方式下的出口业务风险损失案.
对外经贸实务，2011（11）：75-76.)

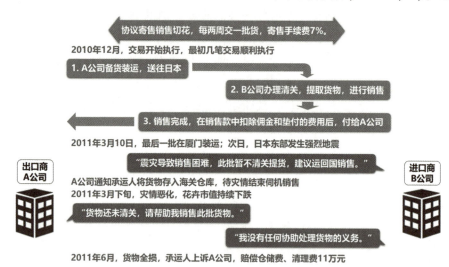

图 8-3　寄售方式下的出口风险损失

问题引导：

造成本案损失的原因有哪些？

案例解析：

运用寄售贸易作为出口贸易方式来开拓新的国际市场，对出口商来讲是一种合理的选择，对类似家具、花卉、水产及新开发的日用品等商品尤其可用。但是一旦市场打开，则应尽快转为适合商品特性的常规贸易方式开展业务，稳定市场。因为，寄售贸易方式本身决定了出口商将承担巨大的商业风险，本案例就充分显示了这一特性。

1. 对于寄售贸易方式决定的必然风险损失，卖方应对乏力。本案中，寄售方式下出口商面临的商业风险得以充分显示，在寄售贸易方式下，寄售商只是名义上的进口人，其所进行的一切操作均是代理出口商处理事务，所发生的一切税费均由寄售商先行垫付，再从货物销售收入中扣除。货物售出之前，合同货物的所有权属出口商，同时出口商也须对货物可能产生的经济法律后果承担责任，直到寄售人将货物售出给实际购买人时，物权才发生转移，此前的一切费用和风险均由出口商承担。即使货物完成销售，寄售商是否能够如约将货款汇交出口商，也完全取决于其商业信用。面对本案中的风险，寄售商的代理地位使其没必要担当更多的责任。在无其他国外销售渠道的情况下，出口商选择等待市场的好转，最终造成货物的完全损失，属寄售贸易方式下的正常商业风险。

2. 后续处理不当、逃避责任，造成损失扩大和失控。

在市场情况已经明朗、货物已被证明失去价值时，出口商对于残货处置不当，最终导致了仓储、货物销毁费用的扩大和失控。本案中仓储费用的发生，源于我方存储货物观望市场所致，与承运人无关。出口商要求 B 公司和承运人承担或是分担费用，可以说是无理要求。对于承运人处置货物的合理要求，出口商的逃避态度是错上加错，不仅激化了与承运人的矛盾，而且由于时间的一再拖延，结果加大了仓储等费用损失，面对实力雄厚的运输代理以及船公司，诉讼的结局还会对出口商的信用带来损害，其日后的运输业务将受到影响。

案例 4：不是独家的"包销"

案情介绍：

我国 A 公司经营一种中成药，通过数年努力逐渐在海外市场打开销路。2018 年马来西亚 B 公司向 A 公司提出包销意向，双方签订为期两年的包销合同。包销地区限马来西亚，数量为每年 2 万盒，药品于每季的第一个月内发运。第一年 B 公司超额完成包销任务，不料 2019 年 6 月 B 公司来电称：发现有相同商品在马来市场上销售，侵犯其专卖权。B 公司认为 A 公司违约，对由此而造成的损失保留索赔权，一旦查明损失后即向 A 公司提赔。

A 公司接电立即回电称：自签订包销合同后，从未将该产品出口马来西亚，请 B 公司查明药品的出处和真伪。不久 B 公司复电称：该药品来自同省份出口公司 C 公司。随后 A 公司向厂家了解到，2019 年 1 月以来向该厂购买此药品的已不只 A 公司一家。由于该药品在国际市场走俏，其他公司也纷纷组织出口。由于 A 公司当初与生产厂家并无包销合同，所以生产厂家有权敞开销售。在此药品尚无人经营出口时，是 A 公司经过数年的努力才打开海外市场，因为当时只有 A 公司一家出口，所以才敢与马来西亚 B 公司签订包销合同。万万没有想到局面打开后，国内的其他出口公司也插足马来西亚市场。照此下去，必然会影响该商品包销合同的执行，也无怪乎 B 公司提出抗议。

至此，A 公司除一面向 B 公司进行解释和谋求某种妥协方案外，一面求助于外贸主管部门出面协调此事。在有关部门的干预下，最终 C 公司为了顾全大局，在 A 公司包销合同期满前，暂不向马来西亚出口此种药品。A 公司不再与 B 公司续订包销合同。生产厂家 2019 年已经生产出来的销售给其他出口公司的此种药品由 A 公司统一收购。A 公司又与 B 公司商妥，对 B 公司 2019 年的销售额减少的部分给予补贴。此难题最终得以解决（图8-4）。

（改编自：袁永有，柏望生.《国际贸易实务案例评析》，湖北人民出版社）

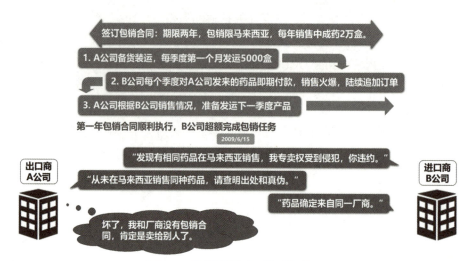

图8-4 包销合同受干扰引起纠纷

问题引导：

此案应吸取的教训主要有哪些？

案例解析：

在签订代理和经销合同之前首先要确保自身具备产品的专卖权，对外签订包销合同的同时也应与生产厂家签订类似的包销合同，方能防止出现本案中A公司面临的情况。

在确保产品专卖权之外，在国外市场注册商标也是一种维护自身利益的方式，A公司的失误就是未为其经销的中成药在国内外进行商标注册。假如A公司在马来西亚进行商标注册，那么本案出现的问题就可以适用商标权来保护自身的利益，而不致陷入如此被动的境地。

对外签订包销合同的时间也不宜太长，通常以一年为宜。国际市场风云多变，在多元化经营和市场竞争日趋激烈的情况下，可变的因素太多，当事人难以预测，缩短合同时间有助于随机应对市场变化。

案例5：出口费和检验费是否包含在货值中？

Case Description：

The appellant imported used cars from Japan with the assistance of a Japanese-based company（TSY）. After successfully purchasing ten cars in a Japanese auction the appellant paid TSY the auction price and auction fees. It also paid TSY for the cost of export fees and inspection charges. Under $60 of the Customs and Excise Act 1996 an importer must specify to the New Zealand Customs Service the value of imported goods. The issue was whether this value included export fees and inspection charges as part of the total value. The Customs Service ruled that it did. The appellant appealed this determination to the High Court which held that the total value under $60 includes export fees paid, but not inspection charges. The appellant appeals to the Court of Appeal against the inclusion of export fees under $60.

Whether the export fees is part of the "price paid" by the appellant depends on the meaning of the relevant provisions of the second schedule to the Customs and Excise Act. Schedule 2 is designed to give effect in New Zealand law to the Agreement on implementation of Article VII of the General Agreement on Tariffs and Trade 1994 (the Agreement). The Court of Appeal considered that the relevant transactions, because of their international character, may have also been subject to the provisions of the CISG (however at the time in question Japan had not yet ratified the CISG). The Court noted that neither counsel for the appellant or respondent raised argument on the applicability of the CISG to the present appeal. In the end, however, the Court considered that the relevant law directly applicable to the appeal was the Agreement.

The Court then had to determine whether TSY acted, in the words of the Agreement, as a buying agent for the appellant when purchasing the ten cars for export to New Zealand. If TSY was considered to be the appellant's buying agent then the export fees were not includable as part of the price paid under $60 (the Court held that this was so and the appeal was therefore allowed). As the CISG does not deal with agency its provisions were therefore of little assistance to the Court (图 8-5).

(Adapted from: ALBERT H. KRITZER, CISG DATABASE, PACE University)

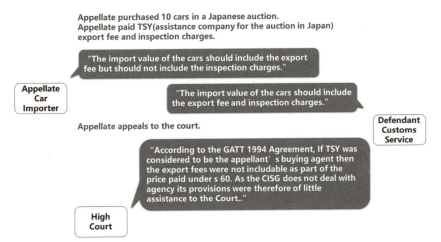

图 8-5 Are the export fees and inspection charges included in the value of the goods?

Question:

Which kind of law or rule was adapted in this case? How does the laws adapt?

Answer:

This case has adapted 3 different laws:

1. Domestic law in New Zealand: $60 of the Customs and Excise Act 1996

"An importer must specify to the New Zealand Customs Service the value of imported goods."

2. Multilaterial agreement: General Agreement on Tariffs and Trade 1994 (the Agreement)

"If TSY was considered to be the appellant's buying agent then the export fees were not includable as part of the price paid under $60."

3. International Convention：The United Nations Convention on Contracts for the International Sale of Goods，CISG

"As the CISG does not deal with agency its provisions were therefore of little assistance to the Court."

案例6：越权的进口代理

案情介绍：

案例解析视频

2017年11月20日，A公司授权B公司成为其进口代理并签署协议，指定B公司从美国进口饲料玉米6 000吨，每吨的价格为140.50美元。双方分工如下：

COMPANY B IS RESPONSIBLE FOR FORMING A PURCHASING CONTRACT WITH FOREIGN SELLERS, DETERMINING THE DATE OF SHIPMENT AND PAYMENT; COMPANY A IS RESPONSIBLE FOR TRANSFERRING 10% OF THE TOTAL VALUE OF THE GOODS TO THE DESIGNATED ACCOUNT FOR APPLICATION FOR THE L/C AND IMPORT COSTS.

合同还规定：①COMPANY B'S FAILURE TO APPLY FOR THE L/C ON TIME RESULTING THE CANCELLATION OF THE CONTRACT IS A BREACH OF THE CONTRACT. COMPANY B WILL PAY COMPANY A COMPENSATION EQUAL TO THE AMOUNT OF THE DEPOSIT；②WHEN ONE PARTY DESCOVERS THAT THE CONTRACT CANNOT BE PERFORMED NORMALLY, SHALL TAKE CORRESPONDING MEASURES AFTER OBTAINING THE CONSENT OF THE OTHER PARTY.

随后，B公司与美国某公司签订购货合同，并于12月30日开出信用证，A公司支付B公司58万人民币的定金。

1月8日，A公司催促B公司办理进口货物需用的动植物检验检疫证等清关手续。同年1月15日，A公司接到B公司通知，由于该批货物中所含农产品成分属美国海关监管的范畴，清关时间较长，而此时国际市场农产品期货价格下跌。如果按合同计划进行，到港后将给A公司带来巨大损失，建议在国外市场及时销货止损。1月18日，B公司致电美国卖家，愿意将货物在当地尽快脱手，请卖家予以协助销货。然而，1月25日，A公司答复B公司，已将该批货物售予国内公司，不同意其在国外市场销售，明确要求B公司履行合同责任，否则一切后果由B公司承担。

2月10日，B公司回复A公司称货物已在美国售出。2月12日，A公司回复B公司，要求B公司对转卖货物所造成的损失给予赔偿。同年4月，A公司收到B公司的返还款51.5万人民币，A公司认为B公司违约将其起诉（图8-6）。

（改编自：李悦．从一则外贸代理合同纠纷案分析国际代理关系．对外经贸实务，2018（10）：78-80）

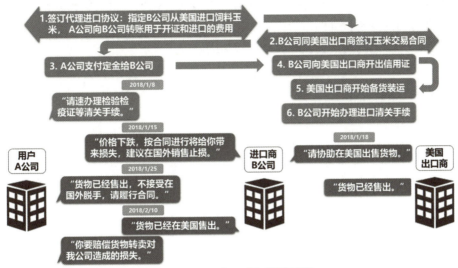

图 8-6 进口代理越权引发纠纷

问题引导:

B 公司在交易的过程中是否存在越权代理行为？

案例解析:

甲乙双方签订《进口代理合同》符合各自的意愿,应严格按照合同中规定的责任义务履行。A 公司履行契约条款向 B 公司支付定金,但 B 公司在未经 A 公司允许的情况下擅自向国外卖家提出将货物销售,属于越权行为。

最终法院判决：B 公司越权行为事实成立,属于违约,需承担相应责任,但 B 公司向供应商提出出售货物的建议是由于不可控制因素发生,基于最大限度降低各方损失的考虑,代理公司将商业风险告之被代理人同时要求卖家处理货物,其主观上并无恶意,涉及货物转卖合同无法正常履行,并非 B 公司故意违约。鉴于 A 公司不能提供具体损失的依据,最后裁定 B 公司向 A 公司赔偿 28 万元人民币,对于第三方造成的损失由代理人自行承担。

几点启示：

1. 做好资信调查。在代理进口业务中,与客户建立委托代理关系前,一定对委托方的资信情况及经济实力进行深入调查,并对即将要进口或出口商品的市场价格、产品属性、供货渠道等方面加以研究并做出合理预期,以减少因供需关系、价格变化对自身风险的影响。此外,对进口商品可能发生的情况做好准备。

2. 充分了解市场和贸易国政策。进出口国家政策变化对能否顺利完成进出口业务有重要的影响,而进口国与出口国间的政治关系是影响贸易政策的主要因素。各国贸易政策对进出口业务有巨大的影响。在案件中,如果 B 公司提前考虑到商品可能被美国海关拖长清关时间,进而采取相应的措施,提前申报或计划预备方案,就可尽量避免因货物滞留海关所引发的一系列损失。

3. 建立科学严谨的代理操作流程。案件中,B 公司缺乏完善的多种风险防范措施及严谨的工作流程,在突发情况下仓促应变,最终造成多方损失的局面。在签约环节应收取足够的信用证保证金才可申请办理信用证;在签署合同前,相关职能业务部门应通力协商,做到合同内容条款全面、严谨;在完备的合同作保障前提下,应严格按照合同规定进行履约,避免因沟通不畅而导致越权行为的发生。

案例7:披着"购销"外衣的加工合同

案情介绍:

X厂是一家服装生产厂。厂长许某为了兜揽业务通过服装进出口公司的业务人员认识了外商李某。不久李找许洽谈来料加工跑步衫上装10 000打的业务,要求面料进厂后3个月内加工完毕,第一批4 000打,出口到美国,李问许有无加工能力,许称没有问题。尔后,李某通过HN公司驻S市的办事处与(具有独立签约资格)X厂于2015年5月13日在S市签订了一份购销合同。合同规定:跑步衫上装4 000打,每打加工费人民币180元,总共72万元。面料为100%尼龙布,由客户提供(指李某),交货时间为2015年8月13日,货交保税区,由李某负责验收,供方交货后20天内,由需方付清加工费。如发生争议由供方与李某友好协商解决。本合同须经李某签字生效。合同上供方由X厂签字盖章,需方由HN公司驻S市办事处签字盖章,备注栏内有外商李某的签字。

案例解析视频

X厂收到李某发来的面料后,加班加点保质保量完成4 000打跑步衫的加工任务并如期交到指定地点由李某验收。但20天后供方未见HN公司汇来加工费。事后X厂多次寄信并派人向HN公司催款,但该公司称不知有此事,亦从未与X厂签订过购销合同,后来同意向其驻S市的办事处查询。与此同时X厂找外商李某和HN公司驻S市办事处的负责人均不见踪影(图8-7)。

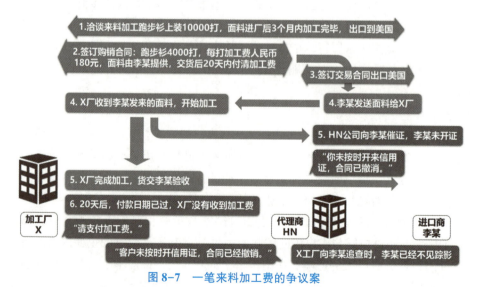

图8-7 一笔来料加工费的争议案

事情拖到2015年年底X工厂不得不在J市依据上述的购销合同对HN公司起诉。被告应诉时答辩的理由如下:①我公司既未与原告签订加工合同也未签订过购买合同，更未委托过任何单位或个人与原告代签过上述之类的合同。②据我公司驻 S 市办事处负责人陈某的书面报告称：曾于 2015 年 5 月与一外商签订过出口跑步衫 4 000 打的合同，后因外商未按期开来信用证而作罢。可见我公司未向原告收购过跑步衫。

最后 J 市法院判决：

HN 进出口公司负责支付 X 厂全部费用人民币 720 000 元，另按银行贷款利息支付从应支付之日起到实际付款之日止的利息。

理由：①法院视双方签订的购销合同为有效合同。供方已按合同规定履行其交货 4 000 打跑步衫的任务，有据可查是不可否认的事实。②根据 HN 进出口公司驻 S 市办事处致 HN 公司的报告不难断定 HN 公司确与 X 厂订有购销合同并非 X 厂虚构捏造。③HN 公司不能因外商未按规定时间开来信用证为由而一笔勾销其驻 S 市办事处与 X 厂订有购销合同的行为，HN 公司对其驻外地办事处的行为负有不可推卸的法律责任。

（改编自：袁永友，柏望生. 国际贸易实务案例评析，湖北人民出版社）

问题引导：

试分析此案中应吸取的教训。

案例解析：

此案应吸取的教训有：

1. 合同形式不规范：第一，明明是加工合同，而轻率地采用购销合同，使当事人的关系和合同性质变得模糊不清，幸亏 J 市法院化繁为简，判定为购销合同。第二，购销合同的当事人理应只有供需双方，在该合同中竟出现第三方，即所谓的"以外商李某签字生效"之说。这样的合同，如一旦发生争议，必然会互相推诿，使当事人的责任混淆不清。

2. 因小失大，有损企业形象。不少韩商、台商、港商和外籍华人利用在国内的一些亲友、同学、民族关系与一些生产厂家谈妥来料加工，然后再找一家有进出口经营权的企业出面与厂家签订合同。进出口公司为了贪图一点好处费，大都同意，但又怕万一出事便在合同上注明由某某外商担保或签字生效之类的字样。这类合同不出事便罢，一旦出事，外商便溜之大吉，不见踪影，结果便成了厂家与签合同的进出口公司两家的纠纷。本案中的 HN 公司纯属代人受过，如不认赔，便有与外商串通一气对厂家行骗之嫌，很有可能进一步被追究刑事责任。

3. 对生产厂家而言，凡承接的加工业务，对工缴费用一定要在交出成品前收清，甚至可以要求委托加工方预交部分加工费。现在许多厂家为了竞争，不仅做不到预收加工费，而且倒贴费用。而一些资信不良的外商贪图国内低廉的加工费，便大搞来料加工，如产品在国外市场有利可图定会履约，一旦国外市场骤变，他们连原料也可不要，更谈不上付加工费了。所以生产厂家对来料加工的成品，最起码应做到不付清加工费，绝不交成品，方可争取主动。就本案例而言，交出成品后 20 天才付清加工费就属于预设的陷阱。

案例8：进料加工为饵的商业诈骗

案情介绍：

案例解析视频

2016年2月，韩籍华人C代表韩国B公司同山东A公司达成了一笔进料加工业务。即由A公司向B公司购买面料、辅料，加工成羽绒服后，再由B公司全部包销。2月13日，双方正式分别签订了购货合同（购买面料、辅料）和销售合同（销售羽绒服）。购货合同涉及金额38.24万美元，由A公司开立见票后120天付款的远期信用证支付。销售合同涉及金额95.94万美元，由B公司在首批羽绒服装运前40天即3月20日前开出信用证支付。

在签约当日下午，A公司即通过中国某银行潍坊分行开立了购货信用证。2016年3月12日，由韩国发来的原辅料到达青岛港，经商检部门检验，部分尼龙绸面料存在残坏、色差等严重质量问题，且规格与合约不符。A公司将这一情况立即通知了B公司，但B公司答复说，此笔交易是进料加工复出口业务，A公司只管按进料加工，无须考虑进料的质量问题。

得到上述答复后，A公司便开始生产。根据销售合同，出售给B公司的羽绒服分别在4月30日前和5月30日前分两批交货。而临近第一批货物交货期，B公司的信用证还未到。问及C某，他却用各种理由搪塞。眼看A公司开出的信用证即将到期，为防止C某拿走原料款而不履行销售合同，A公司与B公司达成协议，将信用证日期推迟至8月底，并继续催证。

面对A公司的多次催证，C某找出种种借口拒开信用证。他向A公司提交了大连某鉴定公司的鉴定报告及韩国纺织检测协会的检测报告，两份报告都证明A公司生产的羽绒服充绒量不合格。针对这两份报告，A公司做了调查。结果表明：大连某鉴定公司提供的鉴定结果原是合格的，被其篡改成不合格。韩国纺织检测协会根本未对A公司的羽绒服做过检测，C提交的是经其篡改过了的该协会2015年签发的有关裤子的一份检测报告。

通过假检测报告一事，A公司意识到B公司根本无诚意做此交易，他们的目的就是推销劣质原料。鉴于此，2016年8月22日，A公司将案件提交仲裁（图8-8）。

2017年2月3日，中国国际经济贸易仲裁委员会在北京做出以下裁决：①解除该笔进料加工的销售合同。②B公司向A公司支付因其违约给该集团造成的经济损失共计334 800.81美元并应于裁决做出之日起45天内向A公司支付完毕。

B公司未出庭，裁决后拒不支付赔偿。2017年5月28日，潍坊市中级人民法院依据有关法律对裁决进行强制执行，从潍坊某银行所开的信用证中扣划334 800.81美元作为给A公司的赔偿。

至此，此案尚未结束。C某将劣质原料装船后即从韩国国民银行（信用证的议付行）得到原料款。由于此议付行要求韩国某保险公司对B公司出口面料进行了出口担保，议付行从该公司那里得到货款偿付。仲裁期间，A公司向该保险公司提交了B公司的假检验证明等材料，提醒保险公司不要对议付行进行偿付。但该保险公司不听劝告，

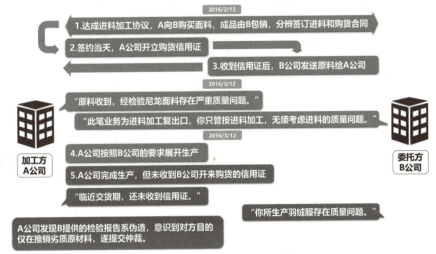

图 8-8 利用进料加工行骗案

付出了货款赔偿金,事后试图追回全部金额和相关损失,但为时已晚。

(改编自:袁永有、柏望生,《国际贸易实务案例评析》,湖北人民出版社)

问题引导:

试分析本案带给我们的教训,如何能避免案例中 A 公司发生的损失?

案例解析:

1. A 公司受骗的教训之一在于不重视资信调查。通过调查,选择资信较好的客户与之交往。对于资信状况一般的客户,要争取在合同中订立保护性条款,使合同得以安全履行。对于资信状况较差的客户,应停止与其交往。A 公司被骗一案,其主要原因就是忽视了资信调查。据查对于 B 公司,他们根本没做调查,而对 C 某所称其在我国大陆开办的"大连京都时装有限公司",他们所做的唯一调查就是按 C 提供的名片上的号码打过电话,查询是否有 C 所称的京都公司及 C 是否真是该公司的董事长。由于 C 所提供电话号码是其"朋友"的家庭电话,回话当然与 C 所言一致。如果 A 公司事先向银行查询,就会发现京都公司是个空壳公司。了解这一情况,也就会终止与他的交往,从而避免这一纠纷案的产生。

当然,导致 A 公司与 C 签订价值达百万美元的合同还有另一原因。在此交易前,C 曾同 A 公司做成两笔金额共计 1 万多美元的进料加工业务。C 做这两笔小生意的用意是显而易见的,就是想骗取 A 公司的信任,为以后的诈骗铺平道路。两笔小交易的顺利履行,的确消除了 A 公司的警戒心理,使 C 毫不费力地从 A 公司骗取到这笔大额交易。从此案中我们可以看出,不法商人为达到其行骗目的,处处设置陷阱,施展种种骗术,贸易人员一定要提高警惕,谨慎行事。通过资信调查等手段规避风险,以保障合同得以安全、顺利地履行。

另外,要注意资信调查不仅仅是针对新客户的。对于老客户,也不能忽视这一环节。世界市场瞬息万变,作为贸易人员,应把资信状况看成动态指标,要掌握交易对手的最新资料并根据所得情报采取相应的措施。只有这样才能消除风险或把风险控制在最低点。

2. 在进料加工业务中，通常采用对开信用证的支付方式。所谓对开信用证，是指互为买卖的交易双方，针对其进口部分的货物互相向对方开立的信用证。第一张信用证的申请人和受益人即分别是第二张信用证的受益人和申请人。两张信用证是互相联系、互相约束、互为条件的，第一张信用证开出后，虽经受益人接受，但暂不生效，须待第二张信用证开出并为其受益人接受时，才通知对方银行两证同时生效。

试想，如果这笔进料加工业务采用对开信用证的方式，那么我方银行开出的支付面料的信用证须等 B 公司开出的支付羽绒服的信用证开出并为我方受益人接受时，两证才同时生效。这样，C 就不可能从议付行骗得原料款，我方银行也就不会卷入这起诉讼案中。而事实上，合同规定双方分别开立两张信用证。虽然购货合同和销售合同都规定两份合同是相互关联的，但根据信用证的业务特点，信用证一旦开出，就成为独立的文件；银行只按信用证办事而与合同无关。

3. 本案例也体现了仲裁条款的重要性。在国际贸易中，解决争议的方式主要有三种：友好协商、仲裁和诉讼。如遇不法商人，通过友好协商解决争议是不可能的，只有选择仲裁或诉讼。诉讼耗费时间、财力，而仲裁较迅速且费用低，由于仲裁员往往是争议所涉及领域的专家，其裁决较为公正且具有权威性。因此仲裁为贸易界所广泛采用。

但采用仲裁方式需有仲裁条款或"提交仲裁的协议"。前者是争议双方在争议发生前在合同中订立的，而后者是争议发生后双方达成的同意将争议提交仲裁的书面文件，如果交易对手根本无诚意做交易，事后达成提交仲裁的协议是不可能的。因此，在合同中订立仲裁条款是非常重要的。由于 A 公司与 C 所签销售合同中订立了仲裁条款，才可将争议提交仲裁并得到迅速的裁决，及时地挽回损失。另外，还要注意仲裁条款要订得全面、具体，只有这样，仲裁才能发挥其应有的作用。

 思政小课堂

贪财是一件坏事吗？

在各种文艺、影视作品中经常会见到各种爱财如命的反面角色，或者无比吝啬、或者见钱眼开不择手段。娱乐之余，我们会不会对自己的行事方式做一个思考：即将进入商海谋生的我们，是不是也要做一个别人眼中的"吝啬小人"呢？古话说"君子爱财取之有道"。在商业中，"爱财"不仅是合理的，也是必要的，对于一个商人来说，如果对于利润没有狼群一样的敏感性，将难以在市场中长期生存，会很快被市场淘汰；对于一个普通职员来说，不能维持营业利润，不仅损失的是自身的收入，还会影响公司的发展甚至危害国家利益。但我们也要明白，爱财并非不择手段的欺骗与掠夺，其前提条件仍然是要"取之有道"，遵守商业规则、维护商业信用，让自己的业务能够长久持续发展，才能在商业世界中站稳脚跟。

 **能力拓展实训**

班级	学号	姓名	成绩

基础实训 1：被迫运回的寄售商品

案情介绍：

A 公司有一批出口产品积压已久没有销路，苦恼之际收到一封科威特寄售商 B 的邮件，称可以提供仓库，接受寄售方式在科威特销售 A 公司的产品，几经协商，A 公司决定以寄售方式将积压的产品大批运往科威特由 B 公司寄售，商品顺利运抵科威特。寄售商努力在当地推销，商品仍然无法售出，在 B 公司寄售仓库闲置超过 6 个月，A 公司感觉销售无望，决定将商品送回国，B 公司同意 A 公司的决定，但要求 A 公司支付 B 公司在科威特的清关费用和 6 个月的仓储和管理费用之后才会放货，最后 A 公司为了保全货物，只得支付全部费用，自付运费将商品装运回国，不仅销售失败，还付出了高昂仓储和运输的费用。

实训任务：

1. 试问 A 公司有何不当之处。
2. 寄售方式有哪些特点？商品寄售的费用应该由谁承担？

 笔记区

基础实训2：如何选择合适的包销商？

案情介绍：

我国 A 公司主营产品为净水器，为了在海外推广产品，A 公司向多个国家的进口商发送了签订代理协议的邀请，声称与 A 公司建立代理关系可以获得特别的价格优惠和市场保护，邮件内容非常有诱惑力，加之产品技术参数先进，其邀请收到了很多进口商的回应。其中马来西亚的 B 公司声称其在马来西亚有多年的电器销售经验，在东西马各大城市设有门店，希望和 A 公司签订独家代理协议。几经协商和考虑，A 公司决定把净水器在马来西亚的独家代理权授予 B 公司，期限为两年。但是两年间 B 公司经营状况恶化，销售不利，致使 A 公司在马来西亚的推广受阻，在马来西亚的市场份额不增反降，蒙受了很大损失。

实训任务：

1. A 公司为什么受损？
2. 从中应吸取什么教训？

笔记区

基础实训 3：谁来承担拍卖品瑕疵的担保责任？

案情介绍：

A 公司参加一次瓷器产品拍卖会，在拍卖行的拍卖条件中有如下规定："买方对货物无论过目与不过目，卖方对成交商品的品质概不负责。"竞拍前，A 公司和其他竞拍者在拍卖会现场对所有产品进行过目，挑选各自的目标产品并设定心理价位准备竞拍。经过拍卖行的数轮竞拍，A 公司成功获得其中一批中意的精美瓷器。但随后 A 公司通过公司所属商行销售这批瓷器时，才发现有部分瓷器出现网纹裂缝，严重影响这部分商品的销售。卖方因此向拍卖行提出索赔，却遭到拍卖行的拒绝。

实训任务：

拍卖行的拒绝是否有道理？为什么？

笔记区

能力进阶1：没有金刚钻别揽瓷器活

案情介绍：

巴基斯坦某公司公开招标购买电缆20千米，我方A公司收到招标文件后，为了争取中标，即委托招标当地的一家代理商B代为投标。开标后A公司中标，除支付代理商佣金外，立即在国内寻找生产电缆的厂家，以便履行交货任务。几经寻找，A公司发现国内没有一家工厂能提供中标产品，因为中标产品的型号和规格在国内早已过时，要生产这种过时的产品，就需要重新安装生产线，涉及的费用较大，而且按照合同要求仅生产20千米，利润远远低于重新安装生产线产生的费用，势必会造成极大的亏损。但是如果A公司撤销合同，要向招标方支付赔款。

实训任务：

我方A公司应从这笔招标业务中吸取什么教训？

_____
_____
_____
_____
_____

 笔记区

能力进阶 2：两个"独家"经销商？

案情介绍：

我国大陆 A 公司与台湾 B 公司签订了独家经销协议，授予该公司 W 产品的独家经销权，但该产品并非 A 公司的自产商品，而是由大陆 C 公司生产、由 A 公司销往台湾 B 公司。C 公司在向 A 公司供货的同时，也自营进出口业务。A 公司与 B 公司建立独家代理关系后，没有及时告知 C 公司其已在台湾市场发展了独家代理。C 公司在不知情的情况下，又向另一家台湾 D 公司授予了该产品的独家经销权。这样，在台湾就有了同种产品的两个独家经销商，这个情况很快就被 B 公司和 D 公司发现。这两家经销商得知该情况后，分别向 A 公司和 C 公司提出索赔的要求。

实训任务：

这起案件应如何处理？

_____
_____
_____
_____
_____

笔记区

项目评价反思

完成表 8-1 和表 8-2。

表 8-1　项目完成效果评价量级表

评价类别	评价项目	评价等级			
		😀	🙂	☹️	😠
自我评价	对本项目知识的兴趣				
	本项目知识点的掌握情况				
	理解同伴的思路并积极交流				
	本项目学习得到的收获				
小组互评	积极参与小组讨论				
	积极查阅资料、提供分析依据				
	积极参与小组分工协作				
教师评价	语言表达能力				
	案例分析能力				
	积极发言				
综合评价					

表 8-2　风险识别与评估能力自测表

序号	风险点	评价等级			
		😀	🙂	☹️	😠
1	拍卖适用的商品、基本流程与主要风险				
2	经销的定义、基本流程与注意事项				
3	代理的定义、基本流程与注意事项				
4	经销方式和代理方式的区分（高频）				
5	国际竞争性招投标的定义与注意事项（高频）				
6	国际寄售的定义与主要风险（高频）				
7	进料加工的定义和特点（高频）				
8	来料加工的定义和特点（高频）				
9	进料加工和来料加工的主要风险（高频）				
10	准确判断风险，灵活选择贸易方式（高频）				
综合评价					

项目九　索赔及争议处理方式

项目导学单

项目九导学单		
学习目标	素质目标	• 遵纪守法、遵守国际惯例，积极应对贸易纠纷； • 不能忽视或放弃仲裁中应享有的权利，合理维护自身权益； • 合理使用不可抗力免责，维护自身权益； • 合理使用与不可抗力相关的事实性证明，避免非必要的罚金
	知识目标	• 熟悉仲裁、索赔、不可抗力的基本概念； • 掌握仲裁的特点及仲裁条款； • 掌握索赔对象的选择； • 掌握不可抗力的构成条件及处理
	能力目标	• 能正确理解仲裁的含义和特点； • 能灵活使用各种手段解决贸易纠纷； • 能灵活运用索赔条款； • 能分析认定不可抗力事件，合理使用不可抗力事件免责
学习重难点		• 仲裁的特点； • 仲裁协议的作用； • 索赔对象的选择； • 灵活使用各种手段解决贸易纠纷； • 合理使用不可抗力事件的免责
建议学时		4 课时
高频风险点提示		
• 误解仲裁协议的作用引发纠纷； • 仲裁机构选取不当导致损失； • 如何合理使用不可抗力进行免责； • 如何使用不可抗力事件的证明减少损失		
致未来外贸业务员的第 9 封信		
索赔及争议处理在外贸履约中同样重要。因为国际贸易涉及多个方面，无论是涉及商品的品质、数量、包装，还是运输过程、货款结算等，买卖双方都有可能在履约过程中产生争议，引发纠纷，因此如何妥善的处理争议应该同样重视。进行索赔及处理争议时，应注意诚信，与对方保持友好的商业往来，便于后续的贸易。		

项目导学单

基础知识全景图

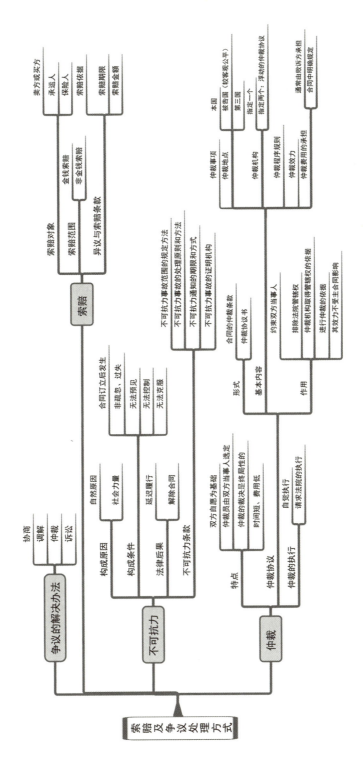

金桥业务漫漫谈之"索赔"

青岛金桥进出口公司的外贸业务员 Linda 收到了一份索赔文件，是新加坡 KJ 进口贸易公司针对双方最近签订的买卖合同提出的索赔。是什么原因让新加坡 KJ 进口贸易公司提出了索赔？而面对突如其来的索赔，Linda 又该如何应对呢？

导入案例
（动画）

 风险案例解读

案例1："浮动的仲裁协议"效力如何？

案情介绍：

中国兴达公司（以下简称兴达公司）与美国威尔公司（以下简称威尔公司）签订了一份机器进口合同。合同中包含下述仲裁条款：ALL DISPUTES RELATED TO THE CONTRACT OR ITS PERFORMANCE SHALL BE SETTLED THROUGH FRIENDLY NEGOTIATION. IF THE NEGOTIATION FAILS TO REACH AN AGREEMENT, IT SHALL BE SUBMITTED TO ARBITRATION FOR SETTLEMENT.

知识点视频

A）IF THE SELLER IS THE APPLICANT, THE ARBITRATION SHALL BE CONDUCTED IN THE COURT OF ARBITRATION OF THE INTERNATIONAL CHAMBER OF COMMERCE.

B）IF THE BUYER IS THE APPLICANT, THE ARBITRATION SHALL BE CONDUCTED IN BEIJING, AND THE ARBITRATION SHALL BE CONDUCTED BY CHINA INTERNATIONAL ECONOMIC AND TRADE ARBITRATION COMMISSION (HEREINAFTER REFERRED TO AS CIETAC) IN ACCORDANCE WITH ITS PROVISIONAL ARBITRATION PROCEDURES.

案例解析视频

合同签订后，兴达公司向威尔公司支付了全部货款。机器运抵后，在威尔公司人员协助下进行了安装。但该机器未能正常运行，双方由此发生争议。多次协商未果，双方按照仲裁条款规定提起仲裁，威尔公司在国际商会仲裁院提起仲裁，而兴达公司则在北京向中国国际经济贸易仲裁委员会（以下简称 CIETAC）提起仲裁。

国际商会仲裁院向兴达公司送发了威尔公司的仲裁申请书及仲裁通知。兴达公司从未对威尔公司或国际商会仲裁院发出的任何信息做出答复，也未派代表出席仲裁院的开庭审理。国际商会仲裁院裁决确认威尔公司有权得到其与兴达公司之间合同项下的全部货款，威尔公司已履行了其在该合同项下的全部义务，并对所述义务和责任无任何实质性违约。

兴达公司向 CIETAC 提起仲裁，请求内容包括：退货；由威尔公司退还货款并赔偿损失；仲裁费用由威尔公司承担。仲裁庭在北京开庭审理了本案，双方当事人均到庭。但是威尔公司仅就管辖权问题提出答辩意见，未就合同的其他问题做出答辩。威尔公司主张，根据中国仲裁法第九条规定，CIETAC 仲裁庭对兴达公司的仲裁请求不具有管辖权，因为这些索赔请求已向国际商会仲裁院提出过，并已由国际商会仲裁院予以裁决，该裁决是终局性的，对双方均有约束力。即使 CIETAC 仲裁庭对本案具有管辖权，在国际商会仲裁院的裁决已决定过的事实或法律问题上，应采纳前者的裁决作为自己的裁决。兴达公司主张，机器未能按照合同约定运转的责任在于威尔公司；管辖权问题已由 CIETAC 做出最终决定；威尔公司在国际商会仲裁院提起的仲裁是无效的。本案的仲裁结果如下：CIETAC 驳回兴达公司的全部仲裁请求，仲裁费用及其他因仲裁产生的费用由两公司各承担一半。

问题引导：
1. 为什么 CIETAC 驳回了兴达公司的全部请求？
2. 中国兴达公司应从中吸取哪些教训？

案例解析：
1. 本案中规定了两个仲裁机构，这种仲裁协议属于典型的"浮动的仲裁协议"（图9-1），这两个仲裁机构对本案都有管辖权，而焦点在于，国际商会仲裁院对争议做出的仲裁应具有何种效力，CIETAC 在仲裁时应如何看待国际商会仲裁院的裁决。

在仲裁中，如果一项争议已经过仲裁庭裁决或法庭判决，当事人就无权再次援引仲裁协议提起仲裁，这是各国公认的习惯做法，即"一事不再理"原则。实行这一原则是为了和仲裁的一裁终局原则相适应，即仲裁的裁决都是终局性的。

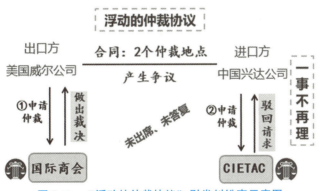

图 9-1 "浮动的仲裁协议"引发纠纷案示意图

在该案例中，CIETAC 虽然对该争议具有管辖权，但由于威尔公司先向国际商会仲裁院申请仲裁，而且该仲裁机构的裁决是有效的，CIETAC 就不能对同一争议做出新的裁决或审核以前已经做出的裁决，因为这样就存在"一事再理"的情形。国际商会仲裁院做出的裁决理应得以认可，否则，就违背了国际仲裁的基本原则。正因为如此，CIETAC 驳回了兴达公司的全部仲裁请求。

2.（1）兴达公司应该积极应对国际商会仲裁院的仲裁，而不能通过不出庭来规避仲裁，这样反而对自己不利。因为即使兴达公司不出庭，仲裁庭也可以做出缺席裁决。且兴达公司在不出庭的情况下，无法为己方提供反证与抗辩，裁决是根据威尔公司提供的资料与证据，很可能对缺席的兴达公司不利。

（2）在仲裁时当事人一定不能忽视或放弃仲裁中应享有的权利。仲裁当事人有权利就放弃或变更仲裁请求进行陈述，如果理由充分合理，可以依该当事人的请求，拒予承认及执行。本案例中，兴达公司觉得威尔公司向国际商会仲裁院提出的仲裁请求不合理，应及时对不合理的地方提出变更仲裁请求，而不是无答复。

（3）在订立仲裁条款时应避免"浮动的仲裁协议"。签约时，双方当事人都希望能选择各自所在国进行仲裁，如果无法达成一致，应选择第三国作为仲裁地点，当事人要避免为了尽快达成合同而规定两个仲裁地点的情形。因为采用"浮动的仲裁协议"，一旦履行合同时发生争议，双方可能各自按照自己的意愿申请仲裁，反而不利于争议的及时解决。

> **知识拓展**
>
> 缺席裁决是指一方当事人经合法通知而又无正当理由不到庭的情况下，仲裁庭在仲裁过程中或者审理终结后所做出的仲裁裁决。各国的仲裁庭以及常设仲裁机构的规则均规定，一方当事人经合法通知而又无正当理由不参加程序，或者在仲裁过程中无理由中途退出仲裁，仲裁程序不受影响，仲裁庭有权做出缺席裁决。当事人之任何一方为规避仲裁而不出庭，从法律上将不影响仲裁庭做出缺席裁决。

> **知识拓展**
>
> "浮动的仲裁协议"，从本质上讲它具备了各国仲裁法所规定的几乎全部要件，仅在指定的仲裁机构方面，使两个仲裁机构都可以管辖。一旦发生争议，虽然可能引起两个仲裁机构之间的再次选择问题，存在有很大的不确定因素，但毕竟只要选择了其中之一的仲裁机构，当事人就可以交付仲裁，所以这种仲裁协议是有效的。

案例2：仲裁协议可以停止吗？

案情介绍：

CIETAC于2017年4月收到申诉人美国甲公司诉被诉人美国乙公司的一份仲裁申请书。书中写明申请仲裁是依据合同中的仲裁条款，即"一切因执行本合同或与本合同有关的争议，应由双方通过友好协商解决，如经协商不能得到解决，应提交北京促进委员会对外贸易仲裁委员会，按照中国国际贸易促进委员会对外贸易仲裁委员会仲裁程序暂行规则进行仲裁，仲裁委员会的裁决为终局裁决，对双方均有约束力"。被诉人收到通知后，认为仲裁程序不应继续进行，因为被诉人已向美国纽约州法院申请停止仲裁程序，理由是：①申诉人和被诉人都是美国公司，在纽约解决争议最为方便，根据国际司法的冲突规范，争议与北京无实际联系。②仲裁协议中的仲裁机构是中国国际贸易促进委员会对外贸易仲裁委员会，不是中国国际经济贸易仲裁委员会（图9-2）。

知识点视频

案例解析视频

问题引导：

1. 被诉人美国乙公司认为仲裁不应该继续进行的理由合理吗？为什么？

2. 中国国际经济贸易仲裁委员会是否拥有该案件的管辖权？

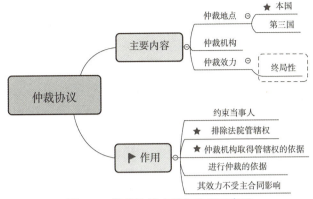

图 9-2 仲裁协议内容与作用示意图

案例解析：

1. 被诉人美国乙公司认为仲裁不应该继续进行的理由不合理。本案例中两个美国公司在合同中已经订立了仲裁条款，该仲裁条款就是双方的仲裁协议。

当事人在仲裁协议中对仲裁机构、仲裁地点、仲裁裁决的效力都做了明确的约定，此仲裁协议是完全有法律效力的，排除了法院的司法管辖，使仲裁机构取得了案件的管辖权，被诉人对管辖权提出的异议是毫无根据的。

2. 中国国际经济贸易仲裁委员会拥有该案件的管辖权。

（1）根据《中国国际经济贸易仲裁委员会仲裁规则》第 4 条的规定，仲裁委员会有权对仲裁协议的存在、有效性以及仲裁案件的管辖权做出决定。中国国际经济贸易仲裁委员会决定取得案件的管辖权符合仲裁规则的规定。中国国际经济贸易仲裁委员会的前身是 1954 年 5 月 6 日成立的中国国际贸易促进委员会下设的对外贸易仲裁委员会，虽然曾两次更名，但实际上都是同一个机构。被告以名称不同否定管辖权是不成立的。经仲裁委员会调查了解，双方在争议发生后，曾进行多次协商，但始终未达成和解协议，所以申诉人将争议提交仲裁是符合仲裁条款规定的。

（2）仲裁协议具有以下法律效力：①订立仲裁协议的当事人须受仲裁协议的约束，当争议发生后应以仲裁的方式解决，任何一方都无权就有关争议向法院起诉。②排除法院的司法管辖权。③是仲裁机构取得管辖权的依据。④是进行仲裁程序和保证仲裁强制执行的依据。⑤仲裁协议的效力不受主合同的影响，即使争议双方订立的商业合同无效或失效，一方当事人仍可以有关仲裁协议为依据提请有关仲裁机构进行仲裁。

（3）确定仲裁地点十分重要，确定哪一个国家仲裁，一般就等于确定适用该国的法律，在对外贸易中，双方当事人一般都力争在本国进行仲裁，如果争议双方对仲裁地点不能达成协议，则一般情况下以第三国仲裁机构进行仲裁。

案例 3：不可抗力能否拯救延期交货的合同？

案情介绍：

江苏省东台市飞龙公司（以下简称飞龙公司）于 2015 年 4 月 29 日、5

月 10 日分别与乌克兰 CF 公司（以下简称 CF 公司）签订了两份货物买卖合同。合同规定 CF 公司需在 2015 年 7 月 13 日至 7 月 15 日期间全额付款到飞龙公司指定账户，而飞龙公司需在 2015 年 7 月 15 日至 7 月 18 日期间安排合同项下的货物出运。CF 公司如期将全部款项支付给了飞龙公司，而飞龙公司因故未能按时出运货物。

案例解析视频

据了解，该两份合同项下货物生产商厂房因建厂时间较早、厂房及相关系统老化、未及时更换新系统，适逢江苏东台市在 2015 年 7 月 5 日至 7 月 22 日期间间断性中到大雨，直接导致了该厂电力系统损坏，电力供应不上，无法正常生产。后经电力公司抢修，7 月 23 日才恢复正常生产。由此导致生产延误、迟延交货。按照乌克兰法律，飞龙公司的迟延交货引起了 CF 公司在乌克兰财政收入的罚款程序，罚款金额为 1 万美元。该公司在知道迟延交货的情况后即要求飞龙公司提交一份中国官方出具的证明材料，以免除 1 万美元的罚款。

问题引导：
1. 飞龙公司延迟交货的原因是否属于不可抗力事件？
2. 飞龙公司可否同意乌克兰公司要求出具证明材料的请求？

案例解析：
1. 飞龙公司延迟交货的原因并不属于不可抗力事件范围，但其与不可抗力事件有关（图 9-3）。

所谓不可抗力，是指无法预见、无法控制、无法克服的事件，能否成立必须具备以下条件：①事件的发生是当事人在订立合同时无法预见的，事件必须是在订立合同后发生的；②事件的发生不是任何一方当事人的疏忽或过失造成的，而是偶发的异常事件；③事件的发生不是当事人所能控制的，事件的后果是无法避免和无法克服的。

本案例中，导致延迟交货的原因是电力系统损坏，电力供应不上，无法正常生产，是可以通过及时更换新系统避免的。但是该原因又与此段时间的间接性中到大雨（自然原因）相关。

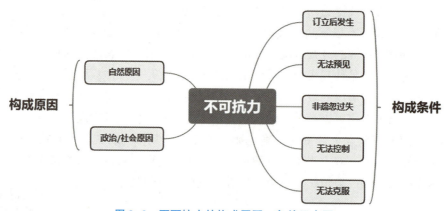

图 9-3　不可抗力的构成原因、条件示意图

2. 飞龙公司可以同意乌克兰公司的要求，请求中国国际贸易促进委员会为自己出具"与不可抗力事件相关的事实性证明"。

事实性证明是对国际商事活动相关事实的证明，即对相关佐证材料所证实的客观事实的真实性进行的证明，主要分为两大类（图9-4）：一是与不可抗力事实相关的证明：在不完全满足不可抗力条件，而又存在一定事实，如政府命令、自然灾害事故，导致当事人不能全部履行、部分不能履行或迟延履行合同义务时出具的证明文书；二是其他与国际商事活动相关的事件、无争议的客观事实和法律行为。具体包括合法性证明，企业注册情况和经营范围证明，企业资格证明，对外贸易经营权证明，金融机构资信证明，无破产证明及技术能力证明，所在地使馆证明、会员证明、上网核实有关内容证明等。

经过和飞龙公司的沟通、解释和说明，该公司提供了当地镇政府、电力公司及企业出具的情况说明、气象局的气象证明、该公司与乌克兰客户的合同，乌克兰客户的说明邮件后，中国国际贸易促进委员会江苏省分会为其出具了事实性证明。

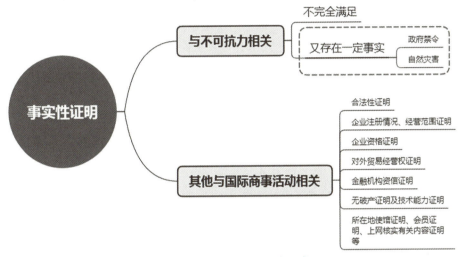

图9-4 事实性证明的分类示意图

案例4：不可抗力是"免责金牌"吗？

案情介绍：

德国 DM Co.（卖方）与国内亚达公司（买方）于 2017 年 1 月 19 日签订一笔油籽买卖合同，合同规定：

(1) PRICE：USD275.00 PER M/T CIF SHANGHAI

(2) QUANTITY：8 000 M/T

(3) SHIPMENT：MARCH, 2017

(4) IF AN EVENT OF FORCE MAJEURE (INCLUDING ACTS OF GOD, STRIKE, CIVIL COMMOTION, FIRE, ANY OTHER CIRCUMSTANCES THAT CAN BE DEFINED AS FORCE MAJEURE) OCCURS WITHIN 30 DAYS BEFORE THE DEADLINE FOR SHIPMENT, THE SHIPMENT PERIOD MAY BE EXTENDED FOR 30 DAYS AFTER THE TERMINATION OF THE FORCE MAJEURE EVENT.

(5) BREACH OF CONTRACT：IF ONE PARTY BREACHES THE CONTRACT, THE

NON BREACHING PARTY HAS THE RIGHT TO CANCEL THE CONTRACT AFTER NOTIFYING THE OTHER PARTY, AND ALSO HAS THE RIGHT TO SELL OR REPLENISH SIMILAR GOODS UNDER THE CONTRACT IN THE MARKET, AND THE DEFAULTING PARTY SHALL BEAR CORRESPONDING LOSSES. IF BOTH PARTIES FAIL TO REACH AN AGREEMENT ON THE AMOUNT OF CONPENSATION, THE DISPUTE SHALL BE SETTLED BY ARBITRATION. THE AMOUNT OF COMPENSATION FOR BREACH OF CONTRACT SHALL BE THE DIFFERENCE BETWEEN THE CONTRACT PRICE AND THE MARKET PRICE ON THE DAY OF DEFAULT.

3月10日，DM Co. 通知买方："货物拟装AA轮，但因实际供货商违约，导致码头库场存货不足，无法按计划装船。现正从产地紧急调货，将用火车运往码头直接装船。"

3月11日，DM Co. 又通知买方："德国铁路公司于3月10日发布通告，将暂停将农产品运往德国主要港口的铁路货运服务，以缓解滞港。这使得货物无法通过铁路集港，并超出了我们的控制范围。据此，本公司只能援引不可抗力条款，将原定装期展延30天。"

3月22日，亚达公司提醒卖方：按合同规定，最迟装运日是3月31日。卖方答复称：已根据不可抗力条款展延装期，因此最迟装期并非3月31日。

此后，双方多次函电交涉，买方最终同意装运期延长至4月15日，否则将从到港的阿根廷货方购买油籽。

4月15日卖方DM Co. 仍未及时交付货物，买方最后以每公吨300美元的CIF价（当日的国际市场价格）从阿根廷方购买了油籽。买方亚达公司根据合同的仲裁条款申请仲裁，请求判定卖方违约，并要求卖方DM Co. 做出经济赔偿（图9-5）。

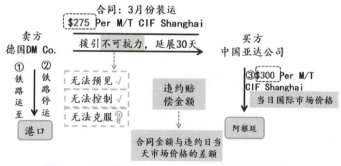

图9-5 不可抗力的认定及违约赔偿案例示意图

问题引导：
1. 本案例中卖方DM Co. 是否可以援引不可抗力条款延展装运期？
2. 根据合同中的违约条款，卖方DM Co. 应赔偿多少违约金？

案例解析：
1. 在合同不可抗力条款中，将"不可抗力事件"的范围限定为"各类天灾、罢工、民变、火灾，以及其他任何可被界定为不可抗力事件的情形"。这些"不可抗力事件"，其最终效果均将在客观上阻碍合同履行。

因此，本案卖方要援引不可抗力条款，延展装运期，需要证明：由德国铁路颁布并实施的停运通告确实在客观上阻碍了合同履行（即阻碍了货物装船）。但实际上，铁路运输并不是将货物集港的唯一可行的运输方式，卖方完全有能力采取措施（如改公路运输、变更装运港等），以消除铁路停运事件的影响。因此，德国铁路停运事件不符合"不可抗力事件"要求的"无法预见、无法控制、无法克服"的标准，所以卖方不得援引不可抗力条款延展装运期。

2. 本案例中，卖方未在规定的装运期交货，属于违约。根据合同中的违约条款，"违约一方应承担的违约赔偿金额应为合同价格与违约日当天的市场价格之间的差额"。合同金额为每公吨 275 美元 CIF 上海，因为卖方违约，4 月 15 日买方以每公吨 300 美元 CIF 上海的当日国际市场价格另行购进，故差价为每公吨 25 美元，所以卖方的违约赔偿金额为 25×8 000＝200 000（美元）。

另还需要指出，不可抗力条款作为一项免责条款，在司法解释中通常会严格针对其受益方（如本案中的卖方）。因此，打算援引不可抗力条款的合同一方必须承担举证责任，以证明意外事件的发生确实阻碍了合同的正常履行。如果意外事件的发生仅仅是增加了履约的难度和成本（如本案），则此类意外事件不应被认定为"不可抗力事件"。

思政小课堂

积极应对贸易纠纷　　保障自身权益

国际贸易合同的履行环节涉及多个至关重要的环节，索赔、仲裁与不可抗力同样不可忽视。在合同签订阶段，双方在合同中应明确约定争议的解决方式，以便后期履约时纠纷的解决。在合同履约阶段，如果交易双方存在争议，要积极应对争议和纠纷，争取友好协商解决；无法协商解决的，可以第三方调解或者申请仲裁、诉讼。不能忽视或放弃仲裁中应享有的权利，要注重合理维护自身权益；要用长远眼光看问题，不要为了尽快达成合同，选择浮动的仲裁协议，否则不利于后期争议的及时解决；合理使用不可抗力免责，维护自身权益；合理使用与不可抗力相关的事实性证明，避免非必要罚金。

能力拓展实训

班级	学号	姓名	成绩

基础实训 1：不可抗力的法律后果

案情介绍：

2016年3月我国兴达公司与英国威尔公司签订一笔小麦出口合同，合同中规定数量为1 000公吨；价格是每公吨CFR London 400英镑，总金额是400 000英镑；交货期为2016年的5—9月；若在装运期截止前30天内发生不可抗力事件（包括天灾、罢工、民变、火灾，以及其他任何可被界定为不可抗力事件的情形），导致无法装运，则可在不可抗力事件终止后，展延装运期30天；应买方请求，卖方应向买方提供适当证据，凭以援引不可抗力条款申请展期或解约。2016年5月兴达公司购货地发生水灾，小麦减产严重。于是兴达公司以不可抗力为由，要求免除交货责任。

实训任务：

本案例中，兴达公司要求免除交货责任的要求是否合理？为什么？

_____
_____
_____
_____
_____

笔记区

基础实训 2：不可抗力事故导致索赔

案情介绍：

我国出口商新化公司同美国进口商威达公司订立了一份 200 套家具的买卖合同。合同中约定采用 FOB 贸易术语成交，并规定 2018 年 12 月交货，当年的 10 月新化公司存放出口商品的仓库发生雷击火灾，致使大部分出口家具烧毁，包括出口给威达公司的 200 套家具。考虑到重新备料生产，就会延误合同中规定的 12 月的交货期，故新化公司援引不可抗力要求免除交货责任，威达公司不同意，坚持要求新化公司按时交货。新化公司经多方努力后，于 2019 年 1 月交货，收取货物后，威达公司向新化公司索赔，要求赔偿延迟交货的损失。

实训任务：

1. 威达公司的索赔要求是否合理？为什么？
2. 你认为发生此种事故后，我方新化公司应如何处理？

笔记区

基础实训3：仲裁还是诉讼？

案情介绍：

2018年12月中国星火公司（买方）与美国万通公司（卖方）签订一项买卖机械设备的合同。合同中的仲裁条款规定，双方发生争议时，先通过友好协商解决，协商未果时，提交中国国际经济贸易仲裁委员会（CIETAC）仲裁解决。2019年5月合同项下的机械设备运抵星火公司，但在其安装使用过程中，就货物品质问题买卖双方产生争议。通过多次往来函电协商仍未达成一致，美国万通公司遂向美国法院起诉星火公司。该法院受理此案后，即向星火公司发出传票。星火公司以合同中约定仲裁条款为证，提出抗辩，要求美国法院不予受理该案件。

实训任务：

1. 本案例中，星火公司的抗辩是否合理？
2. 本案例中，双方应如何有效解决争议？

 笔记区

能力进阶1：信用证修改是否保留索赔权？

案情介绍：

2017年2月13日，山西蓝桥公司与美国约翰公司签订买卖合同，由蓝桥公司向约翰公司购买玻璃生产设备以转卖给其国内下家公司。合同总价为28万美元，价格条件为CIF天津新港，付款条件为买方在货物装运前60天开立以卖方为受益人的100%不可撤销即期信用证。合同约定货物的装船期为2017年5月30日前。蓝桥公司于2月28日依据合同开立了以约翰公司为受益人的信用证。后约翰公司因其自身的原因不能按期交货。双方经反复协商，蓝桥公司于4月20日修改信用证，将交货期改为2017年7月15日前。约翰公司于7月13日将合同项下货物实际装运。蓝桥公司在收到货物后以约翰公司延迟交货为由，要求约翰公司依据合同规定支付延迟交货罚款，并赔偿蓝桥公司因延迟交货对其下家违约而支付的违约金损失人民币18万元及有关的改证费损失人民币2万元。

实训任务：

1. 请问蓝桥公司的索赔合理吗？
2. 从本案中，我们可以吸取哪些经验教训？

 笔记区

能力进阶2：仲裁机构如何"量体裁衣"？

案情介绍：

1999年我国两家化工企业甲公司和乙公司同时从美国威亚公司以同样的价格各购买设备若干台，合同条款基本相同。甲公司合同金额为444万美元（设备100台），乙公司合同金额为310万美元（设备70台）；交货期为2000年3月30日前；付款方式为定金30%，T/T预付，余70%货款为延期三年内支付。

2000年3月，威亚公司如期交货，我方付款赎单，接货清关，双方技术人员安装调试，设备在2000年4月投入生产运行。2000年9月下旬，甲、乙两公司分别按约定向外方支付了第一批延期支付的货款及利息（至此两公司尚欠外方货款本金为：甲公司249万美元；乙公司175万美元）。然而甲乙两公司陆续遭遇生产经营困难，从2001年3月起的第二至第六批货款余额及利息，两公司均未能继续支付。

美方威达公司多次催款未果，于2001年6月将甲、乙两公司的货款争议案提交仲裁。仲裁机构根据合同的仲裁条款分别予以受理。在北京中国国际经济贸易仲裁委员会，威亚公司向我国甲公司提起违约补偿金额（包括本金、利息、罚息、其他费用）共计340万美元；在斯德哥尔摩国际商会仲裁院，威亚公司向我国乙公司提起违约补偿金额266.50万美元。两案分别于2001年9月和2001年10月在两地开庭审理，并如期做出裁决：甲公司被裁支付外方货款共计261.00万美元（剩余货款加小额利息），乙公司被判支付外方货款共计265.80万美元（剩余货款加利息、罚息、仲裁费用等其他费用）。

实训任务：

1. 本案中相同的案情，裁决结果却大相径庭，原因何在？
2. 从本案中，我们可以吸取什么经验教训？

_____
_____
_____
_____
_____

 笔记区

项目评价反思

完成表 9-1 和表 9-2。

表 9-1　项目完成效果评价量级表

评价类别	评价项目	评价等级			
		😀	🙂	☹️	😠
自我评价	对本项目知识的兴趣				
	本项目知识点的掌握情况				
	理解同伴的思路并积极交流				
	本项目学习得到的收获				
小组互评	积极参与小组讨论				
	积极查阅资料、提供分析依据				
	积极参与小组分工协作				
教师评价	语言表达能力				
	案例分析能力				
	积极发言				
	综合评价				

表 9-2　风险识别与评估能力自测表

序号	风险点	评价等级			
		😀	🙂	☹️	😠
1	争议解决方法选择不当引起纠纷				
2	误解仲裁特点导致风险（高频）				
3	签订正确的仲裁协议				
4	合理选择仲裁机构与仲裁地点（高频）				
5	索赔对象选择错误导致损失				
6	明确索赔期限和索赔金额				
7	正确理解不可抗力构成条件和范围				
8	正确理解不可抗力的法律后果（高频）				
9	正确处理不可抗力事件来免责				
10	灵活使用不可抗力事件证明及与其相关的事实性证明				
	综合评价				

参考文献

[1] 刘珉．国际贸易实务（第二版）[M]．北京：中国人民大学出版社，2020．

[2] 国际商会中国国家委员会．ICC 跟单信用证统一惯例（UCP600）[M]．北京：中国民主法制出版社，2006．

[3] 中国国际商会，国际商会中国国家委员会（译）国际贸易术语解释通则 2020 [M]．北京：对外经济贸易大学出版社，2020．

[4] "山一"傍名牌 侵权"三一"判赔 700 万 [J/OL]．贸促会贸易报社、中国贸易报社，中国国际贸易促进委员会网站．https://www.ccpit.org/a/20210126/202101268i7h.html．

[5] 商品零部件的商标撤三问题分析 [J/OL]．贸促会专商所，中国国际贸易促进委员会网站．https://www.ccpit.org/a/20210419/20210419dzrp.html．

[6] 中华人民共和国最高人民法院民事裁定书（2020）最高法民申 6281 号，沈阳朗勤置业有限公司、山东省金融资产管理股份有限公司信用证纠纷再审审查与审判监督民事裁定书 [EB/OL]．https://wenshu.court.gov.cn/website/wenshu/181107ANFZ0BXSK4/index.html?docId=378453d8b6ce4d0fbe28ad160123c624．

[7] 中华人民共和国广东省高级人民法院民事判决书（2020）粤民终 769 号，法国达飞轮船有限公司、中国平安财产保险股份有限公司深圳分公司海上、通海水域货物运输合同纠纷二审民事判决书 [EB/OL]．https://wenshu.court.gov.cn/website/wenshu/181107ANFZ0BXSK4/index.html?docId=7ae9986afc5541fbb5a2acad00b7af61．

[8] 中华人民共和国最高人民法院民事裁定书（2020）最高法民申 4171 号，汕头中远物流有限公司、上海孚在道进出口贸易有限公司再审审查与审判监督民事裁定书 [EB/OL]．https://wenshu.court.gov.cn/website/wenshu/181107ANFZ0BXSK4/index.html?docId=f9f2f5ea55934f85b464acd600d07c64．

[9] 中华人民共和国最高人民法院民事裁定书（2020）最高法民申 4176 号，中国太平洋财产保险股份有限公司深圳分公司、东莞市莱钢钢结构有限公司海上、通海水域保险合同纠纷再审审查与审判监督民事裁定书 [EB/OL]．https://wenshu.court.gov.cn/website/wenshu/181107ANFZ0BXSK4/index.html?docId=826f4e3a39b94e3cbfe6acea00d0a192．

[10] 中华人民共和国最高人民法院民事裁定书（2019）最高法民申 5619 号，中国太平洋财产保险股份有限公司宁波东城支公司、宁波恒业再生金属有限公司海上、通海水域保险合同纠纷再审审查与审判监督民事裁定书 [EB/OL]．https://wenshu.court.gov.cn/website/wenshu/181107ANFZ0BXSK4/index.html?docId=efd5c4e4e51e4bb39676ab6c00c2dba4．